Johann Christian aut Lobe

Katechismus der Kompositionslehre

Johann Christian aut Lobe

Katechismus der Kompositionslehre

ISBN/EAN: 9783743315150

Hergestellt in Europa, USA, Kanada, Australien, Japan

Cover: Foto ©Thomas Meinert / pixelio.de

Manufactured and distributed by brebook publishing software
(www.brebook.com)

Johann Christian aut Lobe

Katechismus der Kompositionslehre

Katechismus

der

Kompositionslehre.

Von

J. C. Lobe.

⸺ ·—·—· ⸺

Leipzig,

Verlagsbuchhandlung von J. J. Weber.

1863.

Vorwort.

Die Aufgabe, deren Lösung hier versucht wird, hatte ihr Bedenkliches. Ich sollte die Kompositionslehre in der knapp zugemessenen Form eines „Katechismus" bearbeiten. Es mußten daher zwei umfangreiche Disziplinen, die Harmonielehre nämlich und die Lehre von den musikalischen Formen, abgehandelt und dazu auch noch eine Anleitung zu praktischen Uebungen in der Komposition gegeben werden. Daß unter solchen Bedingungen von einer erschöpfenden Vollständigkeit der Darstellung die Rede nicht sein konnte, wird jeder billig Urtheilende zugeben.

Dennoch hoffe ich keine überflüssige Arbeit unternommen zu haben.

Das Werkchen versucht die genannten Disziplinen so darzustellen, daß sie zunächst allen Musikliebhabern eine klare Einsicht in das harmonische und formelle Wesen der Tonstücke verschaffen und die, welche weiter wollen, auch zur praktischen Ausübung befähigen können. Für diesen Zweck existirt meines Wissens noch kein Werk, ein solches nämlich, welches die drei genannten Absichten in sich vereinigte. Sodann kann es Anfängern in der Komposition als Grundlage für ihre tieferen und umfassenderen Studien in den schwereren kontrapunktischen Formen nützlich sein, sowie auch als Rathgeber und Aufklärer bei den mancherlei zweifelhaften Dingen dienen, die ja in unserer Theorie dem Schüler noch immer begegnen, nicht selten ihn beunruhigen und in Verlegenheit setzen. Auch angehenden Lehrern dürfte es Weg und Methode zur Führung ihrer Schüler erleichtern können.

Ich habe selbstverständlich meine Ueberzeugungen, wie ich sie kürzlich in der bei C. F. W. Siegel in Leipzig erschienenen „vereinfachten Harmonielehre" auseinandergesetzt, bei der ersten Abtheilung dieses Katechismus zu Grunde gelegt. Die Opposition dagegen ist natürlich nicht ausgeblieben. Alle, die gegen gewohnte Meinungen anzukämpfen sich unterfangen, haben noch stets diese Erfahrung machen müssen. Der Rath Bacons: „Man solle die überkommenen Begriffe und Theorien von Grund und Boden aus vernichten, um dann mit jungfräulichem Geist wie auf einer tabula rasa das Studium einer jeden Sache vom Anfang aus zu beginnen" ist ein unbequemer Rath, aber es ist der einzig richtige für Jeden, der den Vorgängern nicht blos blindlings nachdenken, sondern selbstdenken will, der den Standpunkt des Wissens, welchen er in seiner Zeit antrifft, nicht für den vollkommen abgeschlossenen anzunehmen vermag, sondern Lücken, Mängel und Irrungen noch für möglich hält, und solche zu erforschen, auszufüllen und zu verbessern strebt. Es fällt mir nicht ein, alle meine Neuerungsvorschläge für unfehlbare Verbesserungen zu halten. Es ist möglich, daß ich in meinem Eifer für den Fortschritt in unserer Kunst und Wissenschaft einmal zu kühn dareingefahren bin; daß aber meine wesentlichen Verbesserungsvorschläge mißverstanden worden sind, mit oder ohne Absicht, daß man mir Dinge schuld gegeben hat, an die ich nicht gedacht, ist gewiß. Das 30. Kapitel liefert Pröbchen davon.

Möge auch diese mit Liebe und Fleiß gefertigte Arbeit sich Freunde erwerben und ihnen den beabsichtigten Nutzen gewähren.

Leipzig im October 1862.

Der Verfasser.

Inhaltsverzeichniss.

Einleitung.

I. Abtheilung.

Harmonielehre.

II. Abtheilung.

Von den musikalischen Formen.

III. Abtheilung.

Winke zur Uebung in der Kunst des reinen Satzes.

Katechismus der Kompositionslehre.

Einleitung.

Erstes Kapitel.

Komposition. — Kompositionslehre. — Generalbaß.

1. Was heißt Komposition?

Zusammensetzung. In speciellem Bezug auf unsere Kunst: musikalische Setzkunst; in Bezug auf den Komponisten: das Vermögen, das Ohr zu vergnügen, das Herz zu rühren, den Verstand in angenehme Thätigkeit zu versetzen und die Einbildungskraft mit mannigfaltigen Vorstellungen zu beleben, oder, wie man sich auch ausdrückt: das Vermögen, durch Verbindungen der Töne solche Kunstwerke hervorbringen, durch deren Vortrag ein schönes Spiel der Empfindungen hervorgebracht wird.

2. Was versteht man unter Kompositionslehre?

Den Inbegriff derjenigen Disciplinen, welche jenes dem musikalischen Talent als Anlage verliehene Vermögen zur Ausbildung bringen.

3. Was ist unter Generalbaß zu verstehen?

Die Grund = oder Baßstimme eines Tonstückes, über welcher die Intervalle der Akkorde mit Ziffern (Signaturen) bezeichnet sind, und nach welchen der Generalbaßspieler die dazu gehörigen Harmonien (Akkorde) ergänzend vorzutragen hat; diesen Vortrag nennt man Generalbaßspielen. In früheren Zeiten wurde mit dem Wort „Generalbaß" gewöhnlich der Begriff „Kompositionslehre" verbunden, was, wie man aus der vorstehenden Erklärung sieht, zuviel gesagt war.

1 *

4. Welche Disciplinen gehören zur Kompositionslehre?

Harmonie; Melodie; Rhythmus; einfacher und doppelter Kontrapunkt; Fuge; Kanon; Kunstform; Instrumentalsatz; Vokalsatz.

5. Werden diese Disciplinen alle hier gelehrt?

Das würde in der knappen Form eines Katechismus nicht möglich sein. Wir beschränken uns auf die Lehrgegenstände, welche die Einsichten in das Wesen der modernen Tonwerke vollständig erschließen.

Zweites Kapitel.

Von den Stufen und Intervallen.

6. Was versteht man unter Stufe?

Die Stelle, welche ein Ton in der diatonischen Skala einnimmt.

1. Stufe. 2. 3. 4. 5. 6. 7. 8. 9. 10. 11. 12. 13. 14. 15.

7. Wie werden die Stufen mit lateinischen Buchstaben benannt?

Wie folgt

Erste Stufe. . . .	Prime, auch Tonika.
Zweite Stufe. . . .	Sekunde.
Dritte Stufe. . . .	Terz, auch Mediante.
Vierte Stufe. . . .	Quarte.
Fünfte Stufe. . . .	Quinte, oder Dominante.
Sechste Stufe. . . .	Sexte.
Siebente Stufe. . .	Septime.
Achte Stufe. . . .	Oktave.
Neunte Stufe. . . .	None.
Zehnte Stufe. . . .	Dezime.
Elfte Stufe. . . .	Undezime.
Zwölfte Stufe. . . .	Duodezime.
Dreizehnte Stufe. . .	Terzdezime.
Vierzehnte Stufe. . .	Quartdezime.
Fünfzehnte Stufe. . .	Quintdezime.

8. Was heißt Intervall?

Zwischenraum.

9. Was bedeutet das Wort in der Musik?

Das Verhältniß zweier Töne bezüglich ihrer Entfernung von einander.

10. Wie werden die diatonischen Intervalle benannt?

Mit den lateinischen Namen der diatonischen Stufen.

11. Wie werden die Intervalle gezählt?

In der Regel aufwärts. Sollen sie abwärts genommen werden, so setzt man „Unter" hinzu: als z. B. „Untersekunde, Unterterz, Unterquarte, Unterquinte (Subdominante)" u. s. w.

12. Was sind Hauptintervalle?

Die vorstehenden, welche aus dem Entfernungsverhältniß der diatonischen Tonleiter entstehen.

13. Was sind Nebenintervalle?

Die erhöhten oder erniedrigten Hauptintervalle: c–e, c–es, cis–es, c–eis, sind alle Terzen, denn sie nehmen in der diatonischen Skala von C dur immer dieselbe Stufe ein.

14. Wie werden die Nebenintervalle von den Hauptintervallen unterschieden?

Durch die Beiwörter: rein, groß, klein, vermin= dert und übermäßig.

15. Was sind chromatische Intervalle?

Eben die durch Erhöhung oder Erniedrigung der Haupt=

intervalle einer bezüglichen Tonleiter entstandenen Neben=
intervalle.

16. Was sind enharmonische Intervalle?

Die dem Klange nach gleich sind, aber auf anderen
Stufen ihren Sitz haben. c‑fis z. B. ist eine übermäßige
Quarte, c‑ges dagegen eine verminderte Quinte; beide
Intervalle klingen gleich, stehen aber auf verschiedenen Stufen,
jene auf der vierten, diese auf der fünften

Tabelle der gebräuchlichsten Intervalle.

17. Was sind konsonirende Intervalle?

Der reine Einklang, die reine Quarte, die reine Quinte, die reine Oktave, die große und kleine Terz, die kleine und große Sexte, wie unter a und b.

18. Wie unterscheidet man die Konsonanzen?

In vollkommene und unvollkommene.

19. Welche werden unter die vollkommenen gerechnet, welche unter die unvollkommenen?

Vollkommene sind: die reine Prime, die reine Quarte, die reine Quinte und die reine Oktave, wie unter a); als unvollkommene gelten die große und kleine Terz, die große und kleine Sexte, wie unter b).

20. Was sind dissonirende Intervalle?

Alle anderen, außer den vorstehenden konsonirenden, also: die übermäßige Prime, die große, kleine und übermäßige Sekunde, die verminderte Terz, die verminderte und übermäßige Quarte, die verminderte und übermäßige Quinte, die verminderte und übermäßige Sexte, die große, kleine und verminderte Septime, die verminderte und übermäßige Oktave, die kleine, große und übermäßige None.

21. Was bedeutet Umkehrung des Intervalles?

Wenn das untere über das obere gesetzt wird. Es entsteht dadurch ein anderes Intervallverhältniß z. B.

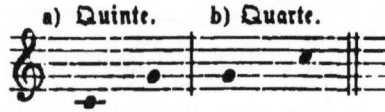

Aus der Umkehrung der Quinte bei a) entsteht die Quarte bei b).

22. Wie sind die Umkehrungsverhältnisse der diatonischen oder Hauptintervalle schnell und leicht zu erkennen?

Durch folgende zwei in entgegengesetzter Richtung laufende Zahlreihen:

$$1 \quad 2 \quad 3 \quad 4 \quad 5 \quad 6 \quad 7 \quad 8$$
$$8 \quad 7 \quad 6 \quad 5 \quad 4 \quad 3 \quad 2 \quad 1$$

Man ersieht daraus, daß z. B. durch die Umkehrung der Septime eine Sekunde, durch die Umkehrung der Sexte eine Terz u. s. f. entsteht. *)

23. **Wie sind die Umkehrungen der chromatisch= und enharmonisch modifizirten Hauptintervalle leicht zu erkennen?**

Durch die Beiwörter, welche die Umkehrung stets in den Gegensatz verwandeln. Aus einem g r o ß e n Intervall wird durch die Umkehrung ein k l e i n e s, aus einem k l e i n e n ein g r o ß e s, aus einem v e r m i n d e r t e n ein ü b e r m ä ß i g e s, aus einem ü b e r m ä ß i g e n ein v e r m i n d e r t e s. die r e i n e n Intervalle bleiben dagegen auch in der Umkehrung r e i n.

I. Abtheilung.

Harmonielehre.

Drittes Kapitel.

Von den Akkorden.

24. **Was ist Harmonie?**

Die gleichzeitige Vereinigung verschiedener Töne (Intervalle), die dem Ohr als faßbare und angenehme Zusammenklänge erscheinen.

25. **Was ist Akkord?**

Dasselbe, was Harmonie. Man gebraucht beide Ausdrücke

---

*) Der reine Einklang gibt streng genommen keine Umkehrung, denn diese kann nur da stattfinden, wo zwei Töne verschiedene Höhe und Tiefe haben. Die Töne c - c aber (der Einklang) sind dieselben. Hier wird das eine c von dem andern nur um eine Oktave e n t f e r n t, aber nicht umgekehrt. Derselbe Fall ist es mit der sogenannten Umkehrung der reinen Oktave; sie wird nur zu dem Einklange zurückversetzt.

für dieselbe Sache. Man versteht unter einer einzelnen Harmonie einen einzelnen Akkord, und umgekehrt.

26. Gibt es verschiedene Akkorde?

Ja. Hinsichtlich der Zahl ihrer zusammenklingenden Töne unterscheidet man 1) Dreiklänge (eine Verbindung von drei Tönen); 2) Vierklänge (eine Verbindung von vier Tönen); 3) Fünfklänge (eine Verbindung von fünf Tönen). Hinsichtlich der verschiedenen Stellung der Töne (Intervalle) übereinander theilt man sie ein in Grund= oder Stamm=akkorde und abgeleitete oder umgekehrte Akkorde. Die Eintheilung, Ordnung, Entwickelung der Gesetze ihres Zusammenhanges nennt man: das harmonische System.

27. Ist das harmonische System sicher, bestimmt, allgemeingültig?

Leider nicht; wenigstens hat man bis jetzt noch keines aufzufinden vermocht, das eine Folge von konsequent sich auseinander entwickelnden und mit einander überall übereinstimmenden Grundsätzen böte.

28. Welches ist gegenwärtig das relativ beste, d. h. annähernd konsequenteste?

Wer darf das entscheiden? Die Theoretiker weichen in manchen Erklärungen mehr oder weniger von einander ab, und jeder hält die seinigen für die besten. In meiner 1861 bei C. F. W. Siegel in Leipzig erschienenen „Vereinfachten Harmonielehre" habe ich versucht, ein konsequenteres System aufzustellen. Dies werde ich auch hier beibehalten und zur Begründung desselben auf jenes genannte Werk hinweisen, wo es nöthig scheint. *)

---

*) Auf die Ausstellungen, welche gegen einige meiner Vorschläge von der Kritik gemacht worden, ist das Nöthige in dem einunddreißigsten Kapitel erwiedert.

Viertes Kapitel.

Die Grund= oder Stammakkorde.

29. **Was ist ein Grund= oder Stammakkord?**

Ein solcher, dessen Töne sich terzenweise übereinander setzen lassen.

30. **Wie vielerlei Gattungen von Grundakkorden gibt es?**

Dreierlei: 1) den Dreiklang, 2) den Vierklang, gebräuchlicher Septimenakkord, und 3) den Fünfklang, gebräuchlicher Nonenakkord genannt.

Dreiklang.

31. **Wie viel Arten des Dreiklanges gibt es?**

Sechs:

1) der große Dreiklang (auch der harte oder Dur= Dreiklang genannt). Er besteht aus Grundton, großer Terz und reiner Quinte, wie bei a.

2) der kleine Dreiklang, (auch der weiche oder Moll= Dreiklang genannt). Er besteht aus Grundton, kleiner Terz und reiner Quinte, wie bei b.

3) der verminderte Dreiklang; besteht aus Grund= ton, kleiner Terz und verminderter Quinte, wie bei c.

4) der übermäßige Dreiklang; besteht aus Grund= ton, großer Terz und übermäßiger Quinte, wie bei d.

5) der hartverminderte Dreiklang; besteht aus Grundton, großer Terz und verminderter Quinte, wie bei e.

6) der weichverminderte Dreiklang; besteht aus Grundton, verminderter Terz und verminderter Quinte, wie bei f.

Septimenakkord.

32. **Wie viel Arten des Septimenakkordes gibt es?**

Zehn.

33. Wie entstehen sie?

Dadurch, daß man den vorstehenden Dreiklängen eine Septime hinzufügt. Hiernach sind ihre Unterschiede auf folgende Weise zu erfassen.

1) **Großer Dreiklang mit kleiner Septime**, wie bei a.

2) **Großer Dreiklang mit großer Septime**; b.

3) **Kleiner Dreiklang mit kleiner Septime**; c.

4) **Kleiner Dreiklang mit großer Septime**; d.

5) **Verminderter Dreiklang mit kleiner Septime**; e.

6) **Verminderter Dreiklang mit verminderter Septime**; f.

7) **Uebermäßiger Dreiklang mit großer Septime**; g.

8) **Uebermäßiger Dreiklang mit kleiner Septime**; h.

9) **Hartverminderter Dreiklang mit kleiner Septime**; i.

10) **Weichverminderter Dreiklang mit verminderter Septime**; k.

Nonenakkord.

34. Wie viel Arten des Nonenakkordes gibt es?

Dreizehn.

35. Wie entstehen sie?

Dadurch, daß man den vorhandenen Septimenakkorden eine None hinzufügt. Wir formuliren sie am leichtesten in folgender Weise:

1) **Zum großen Dreiklang mit kleiner Septime eine große None.** a.

2) **Zum großen Dreiklang mit großer Septime eine große None.** b.

3) Zum großen Dreiklang mit kleiner Septime eine kleine None. c.

4) Zum großen Dreiklang mit großer Septime eine übermäßige None. d.

5) Zum kleinen Dreiklang mit kleiner Septime eine große None. e.

6) Zum kleinen Dreiklang mit kleiner Septime eine kleine None. f.

7) Zum kleinen Dreiklang mit großer Septime eine große None. g.

8) Zum verminderten Dreiklang mit kleiner Septime eine kleine None. h.

9) Zum verminderten Dreiklang mit verminderter Septime eine kleine None. i.

10) Zum übermäßigen Dreiklang mit großer Septime eine große None. k.

11) Zum übermäßigen Dreiklang mit kleiner Septime eine große None. l.

12) Zum hartverminderten Dreiklang mit kleiner Septime eine kleine None. m.

13) Zum verminderten Dreiklang mit verminderter Septime eine kleine None. n.

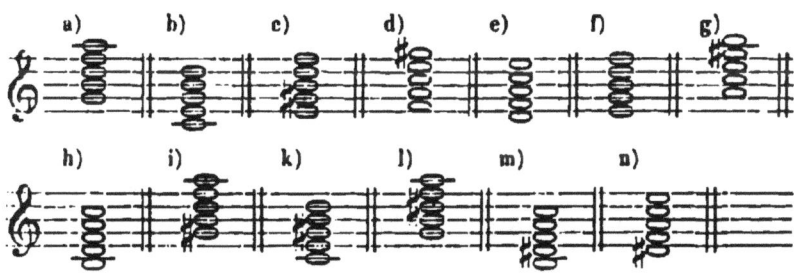

36. Sind mit den neunundzwanzig drei-, vier- und fünfstimmigen Zusammenklängen alle Grundakkorde angegeben, die in der Musik vorkommen?

Welche harmonische Erscheinung sich in den Tonstücken zeigen, wie sonderbar, abweichend, räthselhaft sie aussehen mag, zu einem dieser Akkorde gehört sie, auf einen derselben ist sie durch Entkleidung von gewissen Veränderungen und Ausschmückungen zurückzuführen.

37. Sind alle diese Akkorde praktisch in Gebrauch?

Zur Zeit noch nicht, von den Nonenakkorden werden manche noch für unbrauchbar gehalten.

38. Warum?

Weil sie für die Gewohnheit unseres Ohres unangenehm, zu h a r t, wie man sagt, klingen sollen.

39. Ist dieser Grund stichhaltig?

Nein. Denn diese verpönten Akkorde können unter Umständen vorgebracht werden, die sie dem musikalisch gebildeten Ohr annehmbar machen.

40. Diese Umstände sind?

Davon kann erst später gehandelt werden. Einstweilen dürfen wir getrost annehmen, daß keiner der vorstehenden Nonenakkorde schlechthin unbrauchbar sei.

Fünftes Kapitel.

Von dem Sitze der Akkorde.

41. Was versteht man unter Sitz der Akkorde?

Die Stelle oder Stufe, welche der Grundton jedes bezüglichen Grundakkordes in der Tonleiter einnimmt. Auf jeder Stufe der diatonischen Scala von Dur und Moll wird nämlich ein Drei-, Vier- und Fünfklang gebildet, indem man die anderen zu dem bezüglichen Akkorde gehörenden Töne (Terzen) aus derselben Tonleiter dazu setzt. Dies macht folgende Tabelle von C dur und A moll anschaulich.

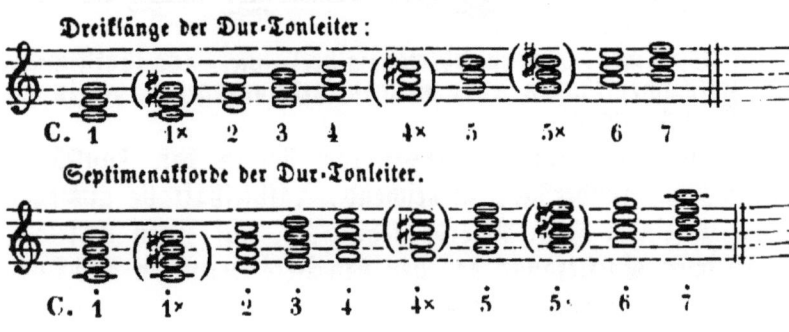

Nonenakkorde der Dur-Tonleiter.

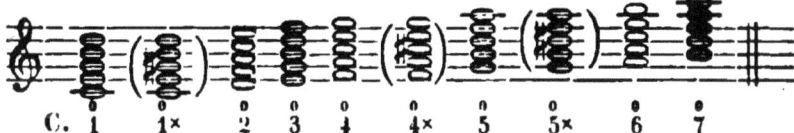

Dreiklänge der Moll-Tonleiter.

Septimenakkorde der Moll-Tonleiter.

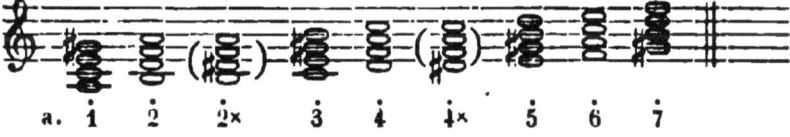

Nonenakkorde der Moll-Tonleiter.

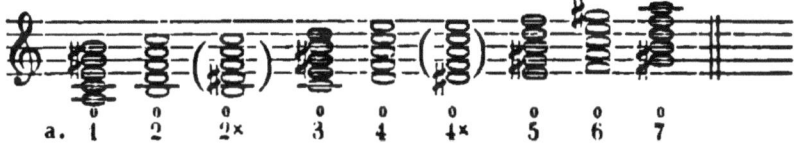

Sechstes Kapitel.

Bezeichnung der Akkorde.

42. Was bedeuten die großen und kleinen lateinischen Buchstaben am Anfange der Tonleitern?

Der große lateinische Buchstabe bezeichnet Dur, der kleine Moll. C bedeutet demnach C dur, a – A moll. D – D dur, d – D moll, G – G dur, g – G moll u. s. w.

43. Was bedeuten die Zahlen, Punkte 2c. unter den Akkorden?

Die Zahlen bezeichnen die Stufen der Tonleiter. Ohne weiteres Beizeichen zugleich den auf der bezüglichen Stufe sitzenden Dreiklang. Steht ein Punkt über der Zahl, so ist der Septimenakkord damit gemeint; eine 0 darüber gibt den Nonenakkord an.

44. Was bedeutet das ✕ neben mancher Zahl?

Einen alterirten Akkord.

45. Was ist ein alterirter Akkord?

Der ein Intervall enthält, welches nicht in der bezüglichen diatonischen Tonleiter liegt, sondern aus der chromatischen herbeigezogen ist. Solche alterirte Dreiklänge, Septimen = und Nonenakkorde sind auf der vorstehenden Tabelle durch ( ) angezeigt.

Siebentes Kapitel.

Haupt = und Nebenakkorde.

46. Was versteht man unter Hauptakkorden?

Solche, die das Gefühl der Haupttonart am sichersten bestimmen. Es sind in Dur und Moll die Dreiklänge auf der ersten, vierten und fünften Stufe. Hauptseptimenakkord ist in Dur wie in Moll der Dominantseptimenakkord. Auf derselben fünften Stufe sitzt der Hauptnonenakkord, in Dur der große, in Moll der kleine.

47. Was sind Nebenakkorde?

Alle anderen Drei =, Vier = und Fünfklänge beider Skalen. Sie heißen Nebendreiklänge, Nebenseptimenakkorde und Nebennonenakkorde.

Achtes Kapitel.

Beinamen einiger Akkorde.

48. Welche Akkorde haben noch besondere Beinamen?

Von den Dreiklängen nennt man den auf der ersten Stufe auch den tonischen Dreiklang; den auf der fünften Stufe den Dominant = Dreiklang, den auf der vierten Stufe Unterdominant = Dreiklang. Der Vierklang auf der fünften Stufe heißt auch: Dominant = Septimenakkord; der Fünfklang auf der fünften Stufe: Dominant = Nonenakkord.

49. Was versteht man unter leitereigenen Akkorden?

Alle Drei-, Vier- und Fünfklänge, die zu der bezüglichen
Dur- oder Molltonart gehören, und gleichsam eine Familie
bilden. Daher sind z. B. alle Akkorde der obigen Dur-Skala
C dur, und alle Akkorde der Moll-Skala A moll leitereigen.

**50. Werden auch die alterirten Akkorde als leitereigene be-
trachtet?**

Bisher hat die Theorie diesen Punkt im Dunkeln gelassen.
Aber in der Luft können sie nicht schweben! Wir zählen sie
ebenfalls zu den leitereigenen, wenn nur ein Intervall, bald
oben, bald in der Mitte, bald im Grundton um einen halben
Ton erhöht oder erniedrigt wird.

Neuntes Kapitel.

Mehrdeutigkeit des Sitzes der Akkorde.

**51. Was versteht man unter Mehrdeutigkeit des Sitzes der
Akkorde?**

Wenn man die Akkorde der obigen C dur- und A moll-Tonleiter in Hinsicht auf ihre verschiedenen Arten vergleicht, so
findet man, daß dieselbe Akkordart in derselben Tonleiter sich
auf mehreren Stufen darstellt. So hat z. B. die C dur-Tonleiter auf der ersten, vierten und fünften Stufe große, auf
der zweiten, dritten und sechsten weiche Dreiklänge, immer mit
anderen Tönen dargestellt. Sodann aber erscheinen auch einige
Dreiklänge aus der harten Tonleiter wieder in der weichen mit
den selben Tönen. Der große Dreiklang f–a–c z. B. auf
der vierten Stufe von C dur, ist in der A moll-Tonleiter
mit denselben Tönen auf der sechsten Stufe wiederzufinden.
Der weiche Dreiklang auf der zweiten Stufe von C dur d–f–a
steht in Moll auf der vierten Stufe 2c. Gleiche Fälle finden
sich mit einigen Septimen- und Nonenakkorden in beiden Tonleitern, die man selbst aufsuchen mag. Endlich sind solche
gleichartige Akkorde auch in anderen Dur- und Molltonarten
noch vorhanden. Besetzt man z. B. die G dur-Tonleiter mit
ihren leitereigenen Dreiklängen

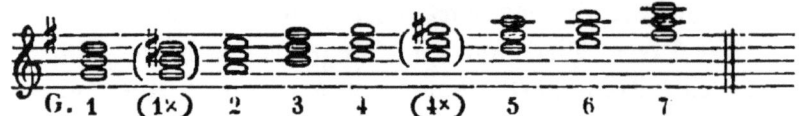

so ist der große Dreiklang der **e r s t e n** Stufe g-h-d in C dur auf der **f ü n f t e n** Stufe zu sehen; der große Dreiklang auf der **v i e r t e n** Stufe von G dur, c-e-g, steht in C dur auf der ersten Stufe, u. s. w.

Die Akkorde nun derselben Art, welche mit denselben Tönen in der Dur- und Molltonart und auch noch in anderen Tonleitern, aber jedesmal auf anderen Stufen erscheinen, sind **m e h r d e u t i g** hinsichtlich ihres **S i t z e s.** Sie haben dieselben Töne, aber sie erscheinen auf verschiedenen **S t u f e n.**

52. Wie weiß man aber, wenn ein solcher mehrdeutiger Akkord erscheint, zu welcher Tonleiter er gehört?

In den meisten Fällen erfahren wir es durch den Zusammenhang mit anderen Akkorden. Davon später.

Zehntes Kapitel.

Von den Lagen, der Verdoppelung und Auslassung der Akkordintervalle.

53. Was versteht man unter Lagen der Akkorde?

Die verschiedene Ordnung der Intervalle über demselben Grundtone. Liegt die Octave oben, so ist es die erste Lage.

54. Was heißt e n g e Lage?

Wenn alle Töne des Akkordes so nahe beisammen liegen, als überhaupt möglich ist, wie in vorstehendem Beispiele bei 1, oder wenn wenigstens die anderen Töne, außer dem Baß, eng übereinander liegen, wie bei 2 und 3.

55. Was heißt weite Lage?

Wenn die Akkordintervalle weiter auseinander gerückt sind, wie hier z. B.

Anstatt weite Lage sagt man auch zerstreute Harmonie.

56. Was versteht man unter Verdoppelung eines Akkordes?

Die zwei- und mehrmalige Wiederholung derselben Akkord-intervalle in Oktaven.

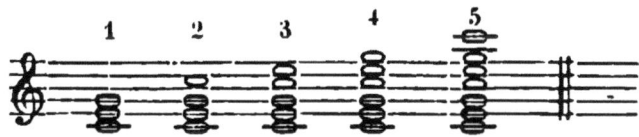

Bei 1 erscheint der Dreiklang einfach; bei 2 ist der Grund-ton verdoppelt; bei 3 erscheinen Grundton und Terz, bei 4 Grundton, Terz und Quinte in Oktaven; bei 5 ist dazu noch der Grundton in zwei Oktaven vorhanden.

57. Was versteht man unter Auslassung?

Wenn ein Ton oder mehrere des Akkordes wegbleiben.

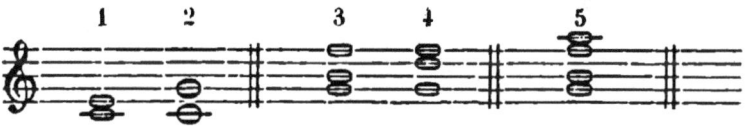

Bei 1 ist vom Dreiklang die Quinte, bei 2 die Terz, bei 3 vom Septimenakkord die Quinte, bei 4 die Terz, bei 5 vom Nonenakkord die Quinte weggelassen.

58. Entsteht bei solchen unvollständigen Akkorden nicht Unsi-cherheit, Mehrdeutigkeit in Erkennung ihrer Gattung und Art?

Zuweilen wohl. Indessen merke man vorläufig folgende Grundsätze unseres angenommenen Systems.

a) Jede Akkorderscheinung, die sich in irgend einer Weise zweifelhaft vorstellt, muß auf den Terzenbau eines Grund-akkordes zurückzuführen sein.

b) Da es nur drei-, vier- und fünfstimmige Akkorde gibt,

so muß jeder unvollständige Akkord entweder zu einem Drei=
klang oder Septimen = oder Nonenakkord gehören.

c) Von welcher dieser drei Gattungen eine unvollständige
Harmonie abstammt, zeigt der tiefste und der **höchste** Ton
der bezüglichen Akkorderscheinung an. Kommen wir mit dem
Terzenbau nur bis zur Quinte, so haben wir einen Dreiklang
vor uns; ist der äußerste Ton eine Septime, so muß es ein
Septimenakkord sein; gelangen wir bis zur None, so ist es
ein Nonenakkord. Demnach haben wir in der zweistimmigen
Harmonie bei a) einen Dreiklang, bei b) einen Septimen =,
bei c) einen Nonenakkord,

denn die fehlenden Töne können als Terzen dazwischengelegt
werden, wie die schwarzen Noten zeigen.

59. Beseitigen diese Grundsätze alle Mehrdeutigkeiten?

Nein, aber bei weitem mehr, als die bisherigen Theo=
rien vermögen, wie sich weiterhin ergeben wird.

**60. In dem zweistimmigen Beispiel a) bleibt doch eine Mehr=
deutigkeit übrig. Ist die fehlende Terz eine große oder kleine?
Ist es ein harter oder weicher Dreiklang?**

Darauf antwortet in der Regel der Zusammenhang der
Harmonie. In folgender Stelle

wird das Ohr nicht im geringsten in Zweifel sein, daß zu der
Quinte unter a) die **große**, zu der unter b) die **kleine** Terz
gehört.

**61. Wenn aber ein Tonstück blos mit Grundton und reiner
Quinte anfängt?**

So empfindet das Ohr immer eher Dur als Moll, weil
ersteres primitiver in der Natur liegt, letzteres hingegen mehr
künstlich herbei= und eingeführt ist. Uebrigens bieten wirkliche
harmonische Mehrdeutigkeiten dem Komponisten mehrfach gute

Mittel zu ästhetischen Wirkungen, worauf näher einzugehen hier jedoch nicht unsre Aufgabe sein kann.

62. Nach dem obigen Grundsatze c) soll der höchste Ton entweder einen Dreiklang, oder Septimen= oder Nonenakkord anzeigen. Welchen Akkord zeigt aber eine bloße Terz an, wie hier?

Da unsere Harmoniesysteme alle nur den dreistimmigen Zusammenklang als ersten vollständigen Akkord anerkennen, so muß e i n e r Terz natürlich in Gedanken die Quinte hinzugefügt werden, der vorstehenden Terz c–e also die Quinte g.

63. Warum die Quinte nach oben? Kann man nicht eben so gut von dem obern e abwärts die Unterquinte a und damit den Amoll=Dreiklang annehmen?

Nein, dagegen wird das Ohr protestiren. Dieses nimmt den untersten Ton eines Akkordes, wenn er ein Tonstück beginnt, stets für die Grundlage des tonischen Dreiklanges, also in obigem zweistimmigen Falle das darüber liegende e als erste Terz, und folglich als fehlenden Ton die Quinte g an.

64. Wie aber weiß man bei Sekunden, Quarten 2c., welchem vollständigen Akkorde sie angehören? Z. B.

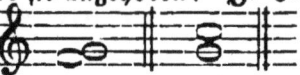

Durch die Umkehrung des Intervalles, indem man es in seine weiteste Entfernung und in eine solche Lage bringt, daß der Raum dazwischen die Terzenausfüllung zuläßt. Die obige Sekunde f–g wird durch die Umkehrung zur Septime, die

Quarte g–c durch die Umkehrung zur Quinte, und so ergibt sich, daß das f–g eine unvollständige Umkehrung des Septimenakkordes, das g–c eine unvollständige Umkehrung des Dreiklanges ist.*)

---

*) Hier habe ich freilich der Lehre vorgegriffen, da das Kapitel von den Umkehrungen der Akkorde erst später abgehandelt wird. Wem daher die obige Erklärung noch dunkel ist, der gedulde sich bis zu dem genannten Kapitel, wo das Verständniß kommt.

———

Elftes Kapitel.

Von dem zwei= und mehrstimmigen Satze.

65. Was ist bei diesen Setzweisen zu bemerken?

Das läßt sich mit wenigen Hauptgrundsätzen abmachen. In der zwei=, drei= und vierstimmigen Setzweise kommen Auslassungen der Intervalle vor, von der vierstimmigen an werden theilweise Verdoppelungen nöthig. Wie die unvollständigen Akkorde im zweistimmigen Satze zu betrachten und zu behandeln sind, ist eben angegeben worden. Wir wollen nun gleich an einem Beispiele der kürzesten Art zeigen, wie sich die Setzweisen bei zunehmenden Stimmen verhalten.

Eine zweistimmige Akkordfolge.

D.　1　7　1

Man wird, wenn nicht andere Gründe, z. B. melodische, vorliegen, im zweistimmigen Satze immer die wesentlichen Intervalle der bezüglichen Akkorde wählen, wie hier im ersten Akkorde mit Grundton und Terz, im zweiten mit Grundton und Quinte (verminderter Dreiklang) geschehen.

Dieselbe dreistimmig.

oder:

D.　1　5　1　　1　5　1

Hier sind die Akkorde durch Hinzufügung der fehlenden Intervalle ergänzt, so weit es in der Dreistimmigkeit geht. Der Dreiklang ist vollständig, bei der ersten Umkehrung des Septimenakkordes mußte der vierte Ton, die Quinte, noch fehlen.

Vierstimmig.

Hier haben beide Akkorde ihre Intervalle vollständig, der Dreiklang bekommt schon eine Verdoppelung, hier des Grundtones.

Fünfstimmig.

Der Dreiklang hat zwei verdoppelte Intervalle, den Grundton und die Quinte, der Quintsextakkord nur eines, den ursprünglichen Grundton.

Sechsstimmig.

Hier ist vom Dreiklang jedes Intervall verdoppelt, vom Quintsextakkord nur die Septime nicht; die sieben- und achtstimmige Setzweise erklärt sich nun leicht selbst.

Siebenstimmig.

Achtstimmig.

66. In dem sieben- und achtstimmigen Beispiele sind Oktaven. Ist das kein Fehler?

Nein. Diese Oktaven sind bloße Verdoppelungen und Verstärkungen der Stimmen, und kommen im vielstimmigen Satze häufig vor.

Man sieht leicht ein, welche Bewandtniß es mit dem viel= stimmigen Satze hat. Sollen nämlich die Oktavenfortschrei= tungen vermieden werden, so müssen die bezüglichen Stimmen von einem verdoppelten Ton einen Schritt oder Sprung zu der Verdopplung eines anderen Tones machen, wie im letzten achtstimmigen Beispiele bei b) in den beiden untersten Stim= men geschehen. Da haben aber dann auch Quintenfort= schreitungen nichts mehr zu bedeuten, denn je vollstimmiger die Harmonie gesetzt ist, desto weniger vergleicht und unter= scheidet das Ohr die Schritte jeder einzelnen Stimme. Uebri= gens wären die Quinten leicht zu vermeiden gewesen durch das Liegenbleiben des a in der Baßstimme, wie hier:

Nur in den äußersten Stimmen (Oberstimme und Baß) ver= meidet man die Oktaven= und Quintenparallelen rc., weil diese beiden Stimmen am deutlichsten in's Ohr fallen.

Zwölftes Kapitel.

Von der Verbindung der Akkorde. Harmonieschritt. Harmoniereihe. Reiner Satz.

67. Was versteht man unter Verbindung der Akkorde?

Die Aufeinanderfolge derselben nach bestimmten Regeln.

68. Was ist ein Harmonieschritt?

Die Verbindung zweier Akkorde:

69. Was ist eine Harmoniereihe?

Die Folge mehrerer Akkorde aufeinander.

70. Was bezwecken die Regeln bei der Verbindung der Akkorde?

Erstens: eine leicht a u s f ü h r b a r e Setzweise für die Singstimmen; zweitens: eine, dem menschlichen Ohr überhaupt fließende und faßbare melodische Führung, bezüglich Fortschreitung der Stimmen.

71. Was bedeutet: r e i n e r Satz?

Eben das Gesammtresultat jener Verbindungsregeln der Akkorde.

72. Worin bestehen diese Regeln?

Um das kurz und deutlich auseinanderzusetzen, müssen wir ein Kapitel einschieben, das vom vierstimmigen Satze handelt.

Dreizehntes Kapitel.

Der vierstimmige Satz. Benennung der vier Stimmen. Stimmenbewegung.

73. Was ist ein vierstimmiger Satz?

Der aus vier Sing = oder vier Instrumentalstimmen, oder auch für Klavier, Orgel in streng vierstimmiger Weise gesetzt ist.

74. Warum wird gerade der vierstimmige Satz zu den Erklärungen der Harmonieverbindungen gewählt?

Weil an ihm alle wesentlichen Regeln des reinen Satzes am deutlichsten und leichtesten zu entwickeln sind.

75. Wie werden die vier Stimmen benannt?

Für Gesang heißen sie: D i s k a n t, A l t, T e n o r, B a ß. Allgemeiner, namentlich in der Instrumentalmusik, werden sie von oben nach unten genommen als erste (Diskant), zweite (Alt), dritte (Tenor), vierte (Baß) Stimme bezeichnet. Ferner nennt man den Diskant auch: Oberstimme; den Baß Unterstimme, und die beiden dazwischen liegenden, Alt und Tenor, Mittelstimmen.

76. Was versteht man unter Stimmenbewegung?

Zweierlei. Einmal die Bewegung jeder einzelnen Stimme für sich in Hinsicht auf das Steigen und Fallen der Töne. Da ist eine steigende a), eine fallende b), eine bald fallende bald steigende c), eine sprungweise d), und eine denselben Ton wiederholt anschlagende e) zu unterscheiden.

Zweitens betrachtet man diese Bewegungen in ihren Verhältnissen zu anderen Stimmen; da gibt es eine gerade, eine Seiten- und eine Gegenbewegung, bei mehr als zwei Stimmen auch noch eine gemischte.

77. Was ist eine gerade Bewegung?

Wenn die Stimmen zugleich steigen oder fallen, gleichviel ob stufen- oder sprungweise.

78. Was ist eine Seitenbewegung?

Wenn eine Stimme sich auf- oder abwärts, stufen- oder sprungweise fortbewegt, während die andere auf demselben Tone liegen bleibt.

79. Was ist Gegenbewegung?

Wenn eine Stimme sich hinauf, die andere hinab bewegt.

80. Wie entsteht die gemischte Bewegung?

Wenn im mehr als zweistimmigen Satze mehrere oder alle jener Bewegungen zugleich vorkommen.

Hier schreitet die erste Stimme mit der zweiten in der Seitenbewegung, mit der dritten in der geraden, mit der vierten in der Gegenbewegung fort.

Die zweite Stimme hat gegen die drei anderen Seitenbewegung.

Die dritte Stimme steht zur ersten in der geraden, zur zweiten in der Seiten-, zur vierten in der Gegenbewegung.

Die vierte Stimme macht zur ersten und dritten die Gegen-, zur zweiten die Seitenbewegung.

Vierzehntes Kapitel.

Fortsetzung der Lehre von der Verbindung der Akkorde. Von den Hauptgrundsätzen der Akkordverbindung. Gemeinsame Töne, verschiedene Töne zweier aufeinander folgender Akkorde.

81. Was sind gemeinsame Töne zweier Akkorde?

Die in beiden Akkorden vorhanden sind.

1)　　　2)　　　3)　　　4)

Unter 1) hat der erſte Akkord das c in der Unterſtimme, der zweite in der Oberſtimme. Beide Akkorde haben alſo den Ton c gemeinſchaftlich. Unter 2) enthält der erſte Akkord c in der Unterſtimme, im zweiten in der Mittelſtimme. Ferner liegt im erſten Akkorde e in der Mittel-, im zweiten in der Oberſtimme. Dieſe beiden Akkorde haben demnach zwei ge- meinſame Töne, c und e. Unter 3) liegen im zweiten Akkorde drei Töne des erſten nämlich g-h-d. Unter 4) hat der zweite Akkord alle vier Töne des erſten Akkordes — g-h-d-f.

82. Was ſind verſchiedene Töne zweier Akkorde?

Solche, die jeder Akkord nur für ſich hat, die in dem anderen nicht vorhanden ſind. Der erſte Akkord unter 1) ent- hält außer dem, beiden Akkorden gemeinſchaftlichen c noch e und g, welche zwei letzteren Töne im zweiten Akkorde nicht vorhanden ſind.

In folgendem Beiſpiel

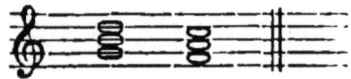

hat jeder Akkord von dem andern verſchiedene Töne; in dieſer Harmoniefolge iſt gar kein gemeinſamer Ton vorhanden.

- - - -

Fünfzehntes Kapitel.

Verbotene Fortſchreitungen.

83. Nach welchen Grundſätzen werden nun die Akkorde ver- bunden?

In der Weiſe, daß keine, gegen den reinen Satz verſto- ßende, verbotene Fortſchreitungen der Stimmen entſtehen.

84. Welche Fortſchreitungen der Stimmen ſind verboten?

1) Offenbare und verdeckte Oktaven; 2) offenbare und verdeckte reine Quinten; die Quarte (unter gewiſſen Um- ſtänden) und der Querſtand.

85. Wie entsteht eine offenbare Oktave?

Wenn zwei Oktaven nach einander in denselben Stimmen in gerader Bewegung mit einander fortschreiten,

wie hier die Querstriche in der Ober= und Unterstimme anzeigen.

**86. Aus welchem Grunde verbietet man eine solche Oktaven=
folge? Klingt sie schlecht?**

Das kann man wol nicht sagen. Es gibt sehr viel Okta-
venfortschreitungen, die sich ganz gut anhören lassen.

Unisono's, wie bei a), obgleich in lauter Oktaven fortschreitend, klingen gut, und sind auch nicht verboten. Eben so
sind doppelte Oktavengänge wie bei b) und die Oktaven zwi=
schen Oberstimme und Baß wie unter c) erlaubt.

**87. Warum dann soll die unter Frage 85 erscheinende Oktave
verboten sein?**

Der Grund wird nicht an dem verletzenden Klange für's
Ohr, sondern an der verletzten Idee für den Verstand
liegen. In den drei vorstehenden Beispielen empfindet und be=
greift man, daß die Oktaven als Verdoppelungen der Melodie
mit Absicht hervortreten sollen. In dem einzelnen Beispiele

weiter oben dagegen macht jede Stimme einen selbstständi=
gen Schritt, geht jede ihren eigenen Weg, und trifft nur in
einem Schritte mit einer andern Stimme zusammen. Diese
beiden Stimmen verlieren in diesem Momente plötzlich ihre
Selbstständigkeit, sie scheinen gleichsam die Absicht ihrer Hand-
lungsweise vergessen zu haben; wir empfinden eine Unzweck-
mäßigkeit oder Ungeschicklichkeit, die dem Verstande mißfällt.

88. Wie entstehen verdeckte Oktaven?

Wenn zwei Stimmen von verschiedenen Intervallen aus in
gerader Bewegung zu einer Oktave fortschreiten.

So, im zweistimmigen Satze, klingt die zweite Harmonie
leer. Auch soll, sagt die alte Theorie, das Ohr gleichsam im
Geheimen die dazwischen liegenden Töne ausfüllen, wodurch
die Oktave offenbar werde:

was die eigene Erfahrung indessen wol nicht bestätigt.
Immerhin klingen solche verdeckte Oktaven im zweistimmigen
Satze nicht angenehm, und sind deshalb zu vermeiden. Im
vierstimmigen Satze indessen schon läßt sich die Praxis von solchen Fortschreitungen nicht abhalten. Fälle wie der folgende

kommen häufig genug vor. Die folgenden verdeckten Oktaven

können durch die Idee eines mächtigen, leidenschaftlichen Stre-
bens nach Erhebung wol gerechtfertigt sein. Verdeckte Oktaven

zwischen Mittelstimme und Baß werden wenig oder gar nicht empfunden und kommen häufig vor. In den Mittelstimmen kehrt man sich noch weniger daran.

89. Wie entsteht eine offenbare Quinte?

Wenn zwei reine Quinten in denselben Stimmen in gerader Bewegung mit einander fortschreiten.

90. Warum sind sie verboten?

Ein genügender Grund dafür ist noch nicht gefunden. Soviel kann man sagen: es kommen Quintenfortschreitungen vor, die uns nicht gefallen wollen. Es gibt aber auch welche, die wir sehr wohl aufnehmen. Man muß das Vermeiden oder Anwenden derselben dem Geschmack und der ästhetischen Wirkungsabsicht des Meisters überlassen. Der Lernende thut immer gut, wenn er solche Fortschreitungen vermeidet.

91. Wie entsteht eine verdeckte Quinte?

Wenn bei gerader Bewegung zweier Stimmen das zweite Intervall eine Quinte wird:

92. Wie entstehen verbotene Quarten?

Wenn zwei Stimmen in gerader Bewegung in reinen Quarten fortschreiten.

Sie sind aber erlaubt in Sextengängen, z. B.

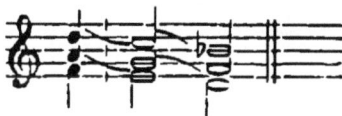

Quinten= und Quartenfortschreitungen werden auch ge=

duldet, wenn die zweite Quinte eine verminderte, wie bei a), die zweite Quarte eine übermäßige ist, wie bei b).

93. Was ist ein Querstand?

Der in zwei Harmonien erscheinende Wechsel von Dur und Moll in zwei verschiedenen Stimmen, wie z. B.

Der Wechsel in derselben Stimme ist erlaubt:

94. Welche Regeln gibt es, um rein zu setzen und die falschen Fortschreitungen zu vermeiden?

Man kann sie kurz so aussprechen: Zwei aufeinander folgende Akkorde haben 1) entweder einen oder mehrere gemeinsame Töne, oder 2) jeder der beiden Akkorde hat von dem andern verschiedene Töne. Im ersten Falle läßt man den gemeinsamen Ton in derselben Stimme liegen, und ergreift die anderen, neu auftretenden Töne auf den nächsten Stufen; im andern Falle läßt man die Töne, welche, in gerader Bewegung fortschreitend, Oktaven oder Quinten hervorbringen, in der Gegenbewegung fortschreiten, wodurch jene Fehler vermieden werden.

Die Akkordfolge unter a) macht offenbare Oktaven mit der Ober- und Unterstimme (Diskant und Baß) und offenbare Quinten zugleich mit der zweiten Stimme und dem Baß. Beide Akkorde haben aber das c gemeinschaftlich. Legt man es bei beiden Akkorden in dieselbe Stimme, wie unter b), so ist die offenbare Oktave vermieden, das g der zweiten Stimme im ersten Akkorde springt nun natürlich nicht in das c des zweiten Akkordes, wie unter a), sondern geht stufenweise in den nächsten Ton a; ebenso springt das e der dritten Stimme nun nicht in's a, sondern schreitet in das auf der nächsten Stufe aufwärts liegende f. Und da der Baß auch in dieser verbesserten Führung der drei oberen Stimmen doch, wenn er aufwärts in das f spränge, eine verdeckte Oktave mit der dritten Stimme machen würde, nämlich

so kann man ihn abwärts und also in der Gegenbewegung fortschreiten lassen. Das letztere ist, wie schon früher bemerkt wurde, nicht unbedingt nöthig, insbesondere, wenn die verdeckte Oktave nicht in den äußersten Stimmen, sondern, wie hier, mit Baß und Mittelstimme gemacht worden. Es läßt sich leicht empfinden, daß die Stimmen unter b) fließender zu einander geführt, mit einander verbunden sind, als die unter a), welche alle vier in gerader Bewegung und noch dazu springend erscheinen.

Die beiden Akkorde unter c) haben gar keinen Ton mit einander gemein; in solchem Falle kommen durch die Fortschreitungen aller Stimmen in gerader Bewegung Oktaven und Quinten zugleich zum Vorschein. Diesen Fehler vermeidet man entweder dadurch, daß die drei oberen Stimmen alle zum Baß in die Gegenbewegung gebracht werden, wie unter d) oder daß man wenigstens die Stimmen, welche in gerader Bewegung fortgeführt die Oktaven- und Quintenfortschreitung hervorbringen, zum Baß in die Gegenbewegung setzt, wie unter e) mit der zweiten und dritten Stimme geschehen ist.

95. **Werden diese Regeln in der Praxis überall streng befolgt?**

Nein; denn sonst würde die melodische Freiheit und Beweglichkeit der Stimmen sehr beschränkt sein. Der Lernende nur soll sich so lange daran halten, bis er sie bei allen Harmonieverbindungen leicht und sicher ausführen kann. Im dritten Abschnitt werden ihm dann freiere Wege eröffnet.

Sechszehntes Kapitel.

Konsonirende und dissonirende Akkorde.

96. **Was versteht man unter einem konsonirenden Akkorde?**

Einen solchen, der gleichsam auf sich selber ruht, bei dessen Ertönen ein unmittelbares Bedürfniß nach der Folge eines andern Akkordes von dem Ohr nicht empfunden wird.

97. **Was ist ein dissonirender Akkord?**

Dem diese Ruhe nicht innewohnt, der nach der Folge eines konsonirenden Akkordes verlangt.

98. **Ist die Zahl der kon- und dissonirenden Akkorde sich gleich?**

Bei weitem nicht. Konsonirend ist nur der große und kleine Dreiklang. Alle anderen Dreiklänge, sämmtliche Septimen- und Nonenakkorde sind dissonirend.

Siebzehntes Kapitel.

Von der Auflösung der dissonirenden Akkorde.

99. **Was versteht man unter Auflösung eines dissonirenden Akkordes?**

Zunächst die Fortschreitung zu einem konsonirenden, beruhigenden Akkorde, also zu einem großen oder kleinen Dreiklange. In jedem dissonirenden Dreiklange, Septimen- und Nonenakkorde nämlich liegt das Streben, aus seinem unruhigen Zustande in einen ruhigen, in einen gewissen konsonirenden Dreiklang überzugehen, sich darin aufzulösen.

Hier folgt eine Uebersicht der ersten natürlichen Auflösung aller dissonirenden Akkorde.

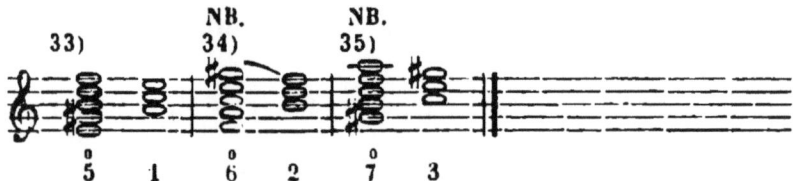

100. **Was bedeutet das Zeichen < unter 1) und 3) in diefer Tabelle?**

Bei der erften, natürlichften Auflöfung der diffonirenden Akforde hat jedes Intervall derfelben feinen beftimmten Schritt zu machen. Nur ein Intervall kann zwei verfchiedene Wege einfchlagen. Bei diefen Fällen deutet das Zeichen < den doppelten Schritt an. Die Intervalle des verminderten Dreiklanges auf der fiebenten Stufe von Cdur haben folgende be= . ftimmte Fortfchreitungen: der Grundton geht eine Stufe auf= wärts in den Grundton des tonifchen Dreiklanges; die ver= minderte Quinte löf't fich eine Stufe abwärts auf, in die Terz des Dreiklanges; die Terz kann eine Stufe aufwärts in die Terz, oder auch eine Stufe abwärts in den Grundton des nächften Akfordes fchreiten. Diefen doppelten Weg der Terz macht das Zeichen < anfchaulich. Der verminderte Dreiklang auf der fiebenten Stufe von Moll unter 3) hat diefelben In= tervallfchritte.

101. **Der verminderte Dreiklang unter 2) löf't fich aber anders auf, und hat doch diefelben Töne wie der unter 1)?**

Gehört aber, wie die Bezeichnung darunter befagt, auf die zweite Stufe von Amoll, und löf't fich demgemäß in den to= nifchen Dreiklang derfelben Tonart auf.

102. **Wie kann man aber wiffen, ob er nach C dur auf die fie= bente oder nach A moll auf die zweite Stufe gehört?**

Eben durch die eine oder andere Auflöfung, wenn diefe nämlich erfolgt. Ueber andere Folgen fpäter.

103. **In der Auflöfung unter 2) fchreiten Ober= und Unter= ftimme in Quinten fort, ift das nicht eine verbotene Fortfchrei= tung?**

Nein, denn die erfte ift eine verminderte, die zweite eine reine Quinte. Diefe Fortfchreitung ift erlaubt. Nur

3 *

die Folge zweier **reiner** Quinten in gerader Bewegung ist in der Regel verboten.

104. **Die Auflösung des hartverminderten Dreiklanges unter** 6) und 7) in die Oktave klingt sehr leer?

Sie wird deshalb auch nicht so in der Praxis vorkommen. Wie man sich dabei hilft, kann erst später angegeben werden.

105. **Die Auflösung des Dominantseptimenakkordes ist unter** 9), 10), 11) **dreimal, jedesmal mit gewissen Veränderungen, angegeben; was bedeutet das?**

Die unter 9) zeigt die regelrechteste Fortschreitung aller Intervalle des Septimenakkordes; der Grundton springt eine Quarte aufwärts (kann auch als Quintensprung abwärts gebraucht werden), die Terz geht eine Stufe aufwärts; die Quinte kann in doppelter Weise fortschreiten, eine Stufe auf= oder eine Stufe abwärts, wie das < zeigt; die Septime be= wegt sich eine Stufe abwärts. Hierbei bleibt aber der folgende Akkord, der tonische Dreiklang, unvollständig, weil die Quinte desselben ausbleibt. Um diese zu bekommen, verdoppelt man im ersten Akkord den Grundton, wie unter 10) zu sehen, wel= cher dann im folgenden Dreiklange liegen bleibt und zur Quinte wird.

106. **Da löf't sich aber die Terz des Septimenakkordes nicht ihrem inneren Zuge gemäß auf, sondern springt ziemlich natur= widrig, unmelodisch eine Terz herab in die Quinte?**

Dies wird, weil der Sprung in einer Mittelstimme ge= schieht, nicht, oder wenigstens nicht unangenehm empfunden. Läge diese dritte Stimme als erste oben, so hörte sich der un= melodische Sprung widerwärtig an, weshalb man ihn in die= ser Lage auch nicht gebraucht.

107. **Unter** 11) **ist der Akkord fünfstimmig dargestellt; warum?**

Weil man dadurch beide Akkorde vollständig erhält, ohne den abnormen Terzensprung machen zu müssen.

108. **Die Auflösungen der meisten anderen, Nebenseptimen= akkorde, fehlen ja in dieser Tabelle?**

Ist der Raumersparniß wegen geschehen, da die Intervalle

sich genau so bewegen, wie die unter 9), 10), 11) des Domi-
nantseptakkordes angegebenen, z. B.

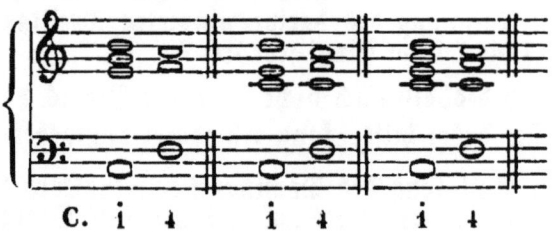

C.   i   4   i   4   i   4

109. Was bedeutet der Strich unter 12)?

Daß die Auflösung dieses Nebenseptimenakkordes auf
der ersten Stufe von Moll nach der Analogie der andern Septimenakkorde wegen des harten und unmelodischen Schrittes der
übermäßigen Sekunde in der Oberstimme so nicht brauchbar ist,
und es wol auch niemals werden wird.

**110. Wenn man ihn nicht brauchen kann, warum ist er mit
aufgeführt worden?**

Er ist so nicht brauchbar, wohl aber in anderer Weise, wie
sich später ergeben wird.

**111. Aber auch der folgende verminderte Septimenakkord weicht
ja von der gewöhnlichen Auflösung ab?**

Allerdings schreitet hier der Grundton anstatt eine Quarte
nur eine Sekunde aufwärts. Es ist dies der eigenthümliche
Zug, die ausnahmsweise Auflösung des verminderten Septimenakkordes. Ein Beweis schon, daß die harmonischen Erscheinungen sich nicht immer unter absolut gleiche, feste Princi-
pien fügen wollen. Wir werden in der Folge mehre dergleichen
Abweichungen finden, aber auch dadurch auf freiere Anschau-
ungen von den harmonischen Gesetzen geführt werden.

**112. Auch der Nebenseptimenakkord unter 16) löf't sich wie der
verminderte Septimenakkord auf?**

Aus demselben Grunde.

**113. Hier bemerkt man aber auch noch eine offenbare Quinte
zwischen der ersten und dritten Stimme?**

Woraus sich ersehen läßt, daß es mit diesem Verbot überhaupt nicht sehr weit her ist. Die vorstehende offenbare Quinte
wird nicht offenbar, d. h. man hört sie nicht. Uebrigens

ist dieser Akkord in dieser engen Terzenlage bis jetzt äußerst selten angewendet worden. Es gibt Mittel genug, die Quintenfortschreitung zu vermeiden, z. B. durch folgende Stellung der oberen Intervalle.

114. Wie löst sich der Nonenakkord auf?

Der Grundton geht eine Quarte, die Terz eine Stufe aufwärts; die Quinte kann im Nonenakkorde, wenn die None über der Quinte liegt, keinen doppelten Weg machen, sondern nur eine Stufe aufwärts in die Terz gehen, weil sie abwärts schreitend mit der Oberstimme eine offenbare Quinte bilden würde. Man hört sie freilich auch nicht, vermeidet aber diesen Schritt doch gern, da kein zwingender Grund dazu vorliegt; Septime und None bewegen sich eine Stufe abwärts.

115. Gilt diese Auflösungsweise für alle Nonenakkorde?

Für alle in der Durtonleiter liegenden. Bei denen der Molltonleiter werden einige Ausnahmen nöthig. Gleich in dem ersten, Nr. 27, muß die Septime eine Stufe aufwärts geben, um den widerhaarigen übermäßigen Sekundenschritt herabwärts zu vermeiden. In dem unter Nr. 28 muß die Quinte aus demselben Grunde eine Stufe hinabgehen. Die dadurch entstehende offenbare Quinte zwischen der ersten und dritten Stimme hat nichts auf sich, ist auch leicht durch eine andere Lage zu vermeiden, z. B.

Derselbe Fall ist es bei dem Nonenakkorde unter Nr. 29. Der unter Nr. 34 kann gar nicht auf die gewöhnliche Weise aufgelöst werden. Hierüber später, so wie über den folgenden unter Nr. 35.

116. Von den Nonenakkorden sind also noch nicht alle in der Tabelle enthaltenen von der Theorie anerkannt und praktisch in Gebrauch?

Vollständig, d. h. mit allen ihren Intervallen, nur der

große Nonenakkord auf der fünften von Dur und Moll, der kleine und der alterirte Nonenakkord auf der zweiten Stufe von Moll.

117. Vollständig? heißt das, unvollständig werden sie anerkannt und gebraucht?

Nach der bisherigen Theorie allerdings. Diese nimmt nämlich die Nebenseptimenakkorde, wenn der Baß anstatt eine Quarte nur eine Sekunde aufwärts schreitet, als Nonen- akkorde an, von denen aber der Grundton weggelassen sei und nicht gehört werde. Man müsse sich ihn aber dazu denken, um die andere Auflösung der Septimenakkorde erklä- ren zu können! Daher sei z. B. die Harmonie bei a) ein echter Septimenakkord; der bei b) hingegen nur ein vorgebli- cher; eigentlich sei er der Nonenakkord bei c), dessen

Grundton A nur weggelassen worden.

118. Welchen Grund gibt die bisherige Theorie für diese son- derbare Erklärung an?

Weil der Baß unter b) nur eine Sekunde aufwärts schreite, da doch der Grundton des Septimenakkordes sich eine Quarte auf- oder, was einerlei ist, eine Quinte abwärts auflösen müsse. Deßhalb könne der Ton c im Baß unter c nicht der Grundton des Septimen- sondern nur die Terz des Nonen- akkordes sein.

119. Ist dieser Grund richtig?

Ganz und gar nicht!

120. Warum nicht?

Weil außer den beiden unter a) und b) stehenden Verbin- dungen der Septimenakkorde noch eine ganze Menge anderer, konsonirender und dissonirender Akkorde auf den Septimen- akkord folgen können, wobei sich gar nicht begreifen läßt,

warum derselbe als ein Nonenakkord mit weggelassenem Grundtone angenommen werden müßte.

121. Hiernach wäre jede Harmonie, die wie ein Septimenakkord aussieht, auch niemals etwas anderes als ein Septimen=
und niemals ein sogenannter unvollständiger Nonenakkord?

Gewiß. Die Gründe, warum man einen und denselben
Akkord bald für einen wirklichen, bald nur für einen vorgeblichen Dreiklang, bald für einen wirklichen, bald nur für einen
vorgeblichen Vierklang nehmen soll, sind durchaus nicht haltbar.

122. So wäre demnach ein wirklicher Nonenakkord nur der, in
welchem die None sich als selbstständiges Intervall zeigte?

So ist es.

123. Und in solcher vollen Gestalt wären sämmtliche Nonen=
akkorde beider Tonleitern (von Dur und Moll) in der Praxis zu
verwenden?

Alle.

124. Es wurde doch aber bei den mit NB. versehenen gesagt,
daß sie mit der dortigen Auflösung nicht zu gebrauchen seien?

Richtig.

125. Und noch ein anderes Bedenken! In der Tabelle lösen sich
die Nonenakkorde unter 21, 22, 31, 32, 34 und 35 nicht, wie
die vorhergehende Erklärung besagt, in konsonirende sondern in
dissonirende Dreiklänge auf! Wie stimmt das mit dem Begriff „Auflösung" als „Uebergang in Ruhe" überein?

Beide letztberührte Fälle stimmen eben nicht mit dem gewöhnlichen Begriff „Auflösung" überein, wie überhaupt eine
große Menge anderer in der Praxis längst vorkommender
Akkordfolgen nicht. Weil demnach viel mehr Phänomene
der Art unter den Begriff „Auflösung" nicht zu bringen sind,
er sich folglich für diese alle als zu eng, zu beschränkt er-
weist, so müssen wir einen weitern Begriff dazu nehmen, der
alle andern Fälle genügend erklärt. Das versuchen wir in dem
folgenden Kapitel.

Achtzehntes Kapitel.

Von der Fortschreitung der dissonirenden Akkorde.

126. Ift zwischen Auflösung und Fortschreitung ein Unterschied?

Gewiß!

127. Worin besteht er?

Darin, daß wir n u r die erste, natürlichste Folge von einem dissonirenden Akkorde zu einem konsonirenden, harten oder weichen Dreiklange, wie sie die Tabelle auf S. 34 enthält, Auflösung, alle anderen Folgen aber blos F o r t s c h r e i t u n g e n nennen.

128. Was wird dadurch gewonnen?

Erstens: daß der Schüler nicht mehr durch Regeln, die alle Augenblicke mit den Köpfen gegen einander stoßen, irre und unsicher gemacht werde; zweitens: daß wir zu konsequenteren theoretischen Grundsätzen gelangen, und drittens: daß wir nicht allein überhaupt eine freiere Praxis gewinnen, sondern auch einen Weg eröffnet sehen, auf welchem noch eine unendliche Menge ganz neue, noch niemals versuchte harmonische Verbindungen und Wendungen gefunden werden können.

129. Inwiefern gewinnen wir konsequentere Grundsätze?

Es sei dafür hier nur angeführt, daß alle drei-, vier- und fünfstimmigen Akkorde unserer Tabelle auf S. 13 und 14 ihr Recht als Stammharmonien und als brauchbare Akkorde zugesprochen erhalten.

130. Hiernach wäre also z. B. der Nebenseptimenakkord auf der ersten Stufe von Moll, welchen die frühere Theorie als keinen Stammakkord gelten lassen wollte, wirklich ein solcher und auch in der Praxis zu verwenden?

Ganz gewiß, sobald wir nur den beschränkten Begriff „Auflösung" nach Analogie der ersten, natürlichen Folge, aufgeben, und uns dagegen an den Begriff „Fortschreitung" halten, der ja auch schon bei den als legitim anerkannten Septimenakkorden längst, wenigstens unter dem Namen

„Trugſchluß"*), als vollkommen zuläſſig angenommen worden iſt.

131. Findet denn der Dominantſeptimenakkord in folgendem
Beiſpiele ſeine Auflöſung?

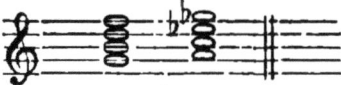

Gewiß nicht! denn ihm folgt nicht der toniſche Dreiklang,
der das Gefühl der Ruhe bringt, ſondern es folgt ihm ein
anderer diſſonirender Akkord, der verminderte Septimenakkord,
der die Unruhe vielmehr noch ſteigert. Hier findet ſicherlich keine
Auflöſung ſtatt und eben ſo wenig ein Trugſchluß; aber eine
Fortſchreitung des einen Akkordes zu dem andern iſt vorhanden, wie Figura zeigt.

132. Das muß freilich auch dem noch wenig in der Theorie bewanderten Kunſtjünger einleuchten. Auf welche Weiſe wäre nun
der oben erwähnte Nebenſeptimenakkord auf der erſten Stufe von
Moll zu rechtfertigen und zu gebrauchen?

Auf gar mancherlei Weiſen. Ich will nur einige brauchbare
„Fortſchreitungen" deſſelben herſetzen.

133. Und auf dieſe Weiſe wären auch die anderen bisher als
Stammharmonien verworfenen, namentlich alle Nonenakkorde zu
verwenden?

Alle. Ich will nur ein Beiſpiel davon zeigen, die Brauch-
barkeit des Nonenakkordes auf der ſiebenten Stufe von Moll,

welcher bisher für abſolut unanwendbar erklärt worden iſt.

*) Auch das Wort „Trugſchluß" paßt nicht. Denn gar oft ſchreitet
ein diſſonirender Akkord unmittelbar zu einem anderen diſſonirenden fort, wo
von irgend einer Art Schluß nicht das Allergeringſte zu empfinden iſt.

Kurz: es gibt keinen in der vorstehenden Tabelle aufgeführten Akkord, der nicht in unserem Harmoniesystem als Stammakkord seine Berechtigung und praktische Anwendbarkeit fände, wenn man nur nicht den Begriff „Auflösung" sondern den Begriff „Fortschreitung" als maßgebenden Grund dabei gelten lassen will.

134. Gestehen muß man aber doch, daß z. B. gleich der auf S. 42 stehende Nebenseptimenakkord der ersten Stufe von Moll sehr hart klingt?

Ungewohnt, hart mag er in der dortigen isolirten Auf= trittsweise klingen. Ist das aber der Fall auch noch in der folgenden Stelle?

135. Allerdings nicht! Wie kommt das?

Weil ein Milderungsmittel der Härte angewendet worden ist, wovon das folgende Kapitel handeln soll.

———

Neunzehntes Kapitel.

Von der Vorbereitung der dissonirenden Akkorde.

136. Was versteht man darunter?

Daß die Dissonanz, welche etwa zu hart klingen möchte, schon in dem vorhergehenden Akkorde und zwar in derselben Stimme liege, auch gebunden werde. In dem obigen Bei= spiel liegt die scharf dissonirende große Septime unter b) schon in dem vorhergehenden E dur=Dreiklange bei a) als Terz in derselben Stimme, und dadurch wird die Härte, welche beim freien Anschlag dieses Akkordes empfunden wird, gemildert.

137. Dem gemäß wären durch geschickte Vorbereitung der miß=
fälligen Dissonanzen wol die Anstalte aller dissonirenden Akkorde
zu mildern und dem Ohre in ihrer Wirkung angenehmer zu
machen?

Allerdings. Auch war das in den früheren Harmonielehren
ein strenges Gebot für alle Neben = Septimen, und selbst für
den damals für allein zulässig gehaltenen großen und kleinen
Nonenakkord auf der fünften Stufe von Dur und Moll, so=
wie für gewisse andere Harmonieerscheinungen noch, wovon spä=
ter die Rede sein wird.

138. Und ist das nicht ein gutes Gesetz, welches dem Ohr die
harten Klänge erspart?

Im Allgemeinen genommen, gewiß. Allein die Erscheinun=
gen der Welt treten nicht immer in milden, schmeichelnden Ge=
stalten auf; sie berühren unsere äußeren und inneren Sinne
zuweilen auch gar rauh, unsanft, hart. Wollte die Kunst die
letzteren Momente alle ausschließen, und überall nur das
Weiche, Milde, Angenehme zu ihren Schilderungen auswählen,
so würde sie uns freilich in das Land führen, wo nur Milch
und Honig fleußt, aber wie lange würde der Mensch diese süße
Nahrung aushalten? Darum ist das Harte und Rauhe als
Gegensatz an seiner Stelle, d. h. an der, wo der nachzuah=
mende Gegenstand sich als hart, weich u. s. w. kund gibt, auch
zulässig und nicht aus übertriebenem Zartgefühl zu verwerfen.
So dachte z. B. schon Beethoven, als er die folgende Stelle
in seiner Sinfonie eroica hinschrieb.

Hier ist weder eine Vorbereitung noch eine Auflösung beider
dissonirender Akkorde zu sehen und zu hören, und die Theorie
wagt sie nicht mehr als absolut unzulässig zu erklären, wieder=
holt aber nichtsdestoweniger ihre abgestandenen Vorbereitungs=
und Auflösungsgesetze immerfort.

139. So sollen die Regeln der Vorbereitung wie der Auflösung wol nicht mehr für alle dissonirende Akkorde gelten?

Für keinen einzigen mehr als absolutes Gesetz. Alle können frei eintreten und auf die mannigfaltigsten Weisen frei fortschreiten.

140. Wird die Kunst der Musik aber nicht durch diese Emancipirung von den alten Regeln zu grausen Produktionen verleitet, die gar keinen wirklichen Genuß mehr gewähren können, wie manchen Tonwerken unserer Zeit vorgeworfen wird?

Ich habe gesagt, sie können alle frei behandelt werden, aber sie müssen's nicht. Die alten Regeln haben ihren guten, nur aber für unsre, weit vorgeschrittene und immer weiter fortschreitende Zeit, zu beschränkten Sinn. An dem rechten Orte und zu dem rechten Zwecke ist auch ein harter Klang wirkungsvoll. Wer aber aus dem Gebrauch dieser Freiheiten die Hauptsache macht, der mag die Folgen davon tragen.

Zwanzigstes Kapitel.

Von den Tonschlüssen.

141. Was versteht man unter Tonschluß?

Im Allgemeinen eine gewisse Harmoniefolge, die uns empfinden macht, daß an dieser bezüglichen Stelle des Musikstückes ein Ruhepunkt eintritt.

142. Wie vielerlei Tonschlüsse gibt es?

Dreierlei, den Ganzschluß, den Halbschluß und den Trugschluß. Der erstere wird auch Hauptkadenz genannt und in zwei verschiedenen Formen, als authentischer und plagalischer Ganzschluß, dargestellt.

143. Wie wird ein authentischer Ganzschluß gebildet?

Durch den Harmonieschritt 5—1, oder 5̄—1.

In Dur.

In Moll.

144. Was ist ein vollkommener Ganzschluß?

Wenn die Oberstimme von der Terz auf= oder von der Quinte abwärts in die Tonika schreitet und die Unterstimme die Grundtöne beider Akkorde dazu bringt, wie die vorstehen= den Beispiele zeigen.

145. Warum ist das ein vollkommener Ganzschluß?

Weil diese Form den beruhigendsten Charakter in sich trägt.

146. Was ist ein unvollkommener Ganzschluß?

Die Darstellung dieser Harmoniefolge in allen Umkehrun= gen und anderen Lagen, außer der obigen.

Man fühlt hier nicht die ganz beruhigende Wirkung wie bei der vollkommenen Hauptkadenz.

147. Kann beim Ganzschluß dem tonischen Dreiklange nicht auch der Nonenakkord auf der fünften Stufe vorangehen?

Manche Theorien sagen ja. In der Praxis ist er wenig= stens zu einem vollkommenen Ganzschluß noch nicht ver= wendet worden, wie es scheint mit Recht, denn selbst in seiner vollkommensten Gestalt wie bei a), noch mehr in unvoll= kommener wie bei b), erweckt er das Gefühl nicht, daß ein Stück ganz zu Ende sei.

a)   b)

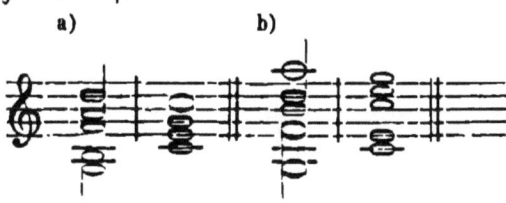

148. Wie entsteht der plagalische Ganzschluß?

Durch den Harmonieschritt 1 — 4.

Auch hier ist dies die vollkommene Gestalt; unvollkommener wirkt er in Umkehrungen und allen anderen Lagen.

149. Was ist ein Halbschluß?

Wenn der zweite Akkord des Harmonieschrittes der Dominantdreiklang ist. Der erste Akkord ist oft der tonische Dreiklang, doch können auch viele andere Akkorde vorangehen; hier einige Fälle.

150. Was ist ein Trugschluß?

Nach der bisherigen Theorie jede andere Akkordfolge auf den Dominantakkord als der tonische Dreiklang. z. B.

151. Bilden immer nur die bezüglichen zwei Akkorde die Schlußformen?

Nein, sie können auf mannigfaltige Weise verlängert, breiter ausgeführt werden. Hier nur einige Beispiele.

Vermannigfaltigung der Ganzschlüsse.

Vermannigfaltigte Halbschlüsse.

Ebenso sind die Trugschlüsse auf verschiedene Weise zu er=
weitern. Daß alle diese Formen, wo sie nur in Dur angege=
ben sind, auch analog in Moll gestaltet werden können, ver=
steht sich von selbst.

Einundzwanzigstes Kapitel.

Vermannigfaltigung der Harmonieerscheinungen.
Umkehrungen.

**152. Was versteht man unter Vermannigfaltigung der Har=
monieerscheinungen?**

Daß die Stammakkorde zwar den Grund zu allen Harmo=
nieerscheinungen abgeben, aber nicht den alleinigen Inhalt
der Tonstücke ausmachen; daß vielmehr eine Menge Verände=
rungen und Modifikationen bei dem Gebrauch derselben statt=
finden können, wodurch den Harmonieerscheinungen eine unend=
liche Mannigfaltigkeit verliehen wird.

153. Was versteht man unter Umkehrungen der Akkorde?

Die erste Veränderung mit den Stammakkorden, indem
man ihre Intervallenordnung nach dem Terzenbau aufgibt,
und nicht den eigentlichen Grundton als untersten Ton, sondern

eines der anderen Intervalle, Terz, oder Quinte u. f. w., als tiefften Ton setzt, z. B.

Unter a) steht der Dreiklang als Grundakkord, unter b) eine Umkehrung deffelben, indem die Terz hinunter, der Grundton hinauf, erftere in die Unterftimme, letzterer in die Oberftimme versetzt, umgekehrt worden.

154. **Sind auf diese Weise alle Stammakkorde umzukehren?**

Alle. Jeder so viele Mal, als außer dem Grundton In- tervalle in dem Akkorde vorhanden sind; also kann umgekehrt werden jeder Dreiklang zweimal, indem einmal seine Terz, das andere Mal seine Quinte in den Baß gelegt wird, jeder Sep- timenakkord dreimal, Terz, Quinte oder Septime im Baß; jeder Nonenakkord viermal, Terz, Quinte, Septime oder None im Baß.

155. **Heißt auch bei den Umkehrungen der tieffte Ton Grund- ton?**

Nein. Der aus einer Umkehrung entftehende tieffte Ton wird zum Unterschiede von jenem Baßton genannt.

Hier sind von jeder Gattung der Stammakkorde die mögli- chen Umkehrungen.

Umkehrungen des Dreiklanges.   Umkehrungen des Septimenakkordes.

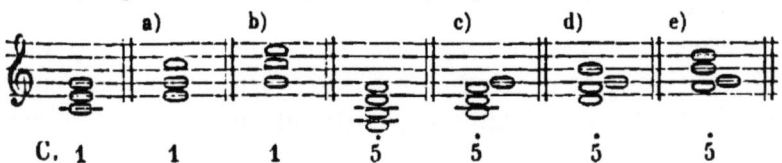

Umkehrungen des Nonenakkordes.

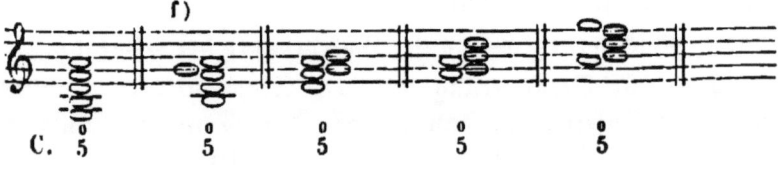

156. Warum sind die Umkehrungen der verschiedenen Arten der Stammakkorde nicht mit hergesetzt?

Weil sie alle nach demselben vorstehenden Schema gebildet werden: z. B.

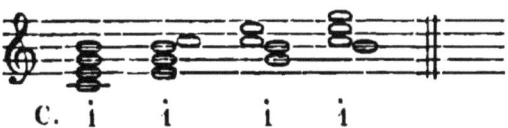

C.   i   i   i   i

Was besonders dabei zu bemerken, folgt weiter unten.

157. Haben die Umkehrungen besondere Namen?

Ja, doch nur die von den Dreiklängen und Septimen- akkorden.

158. Wie heißen sie?

Die erste Umkehrung des Dreiklanges unter a), wenn die Terz zum Baßton gemacht ist, heißt S e x t a k k o r d; die zweite unter b), Quinte im Baß: Q u a r t s e x t a k k o r d. Die erste Umkehrung des Septimenakkordes unter c) heißt Q u i n t = s e x t a k k o r d; die zweite unter d), T e r z q u a r t a k k o r d; die dritte unter e): S e k u n d a k k o r d.

159. Und die Umkehrungen des Nonenakkordes?

Man müßte sie, um die Verwechslung mit den Umkeh- rungsnamen des Septimenakkordes zu vermeiden, mit allen ihren Intervallen angeben, die erste also unter f) z. B. Terz = Quint = Sext = Septimenakkord u. s. w. nennen, was den Theoretikern zu weitläufig geschienen haben mag. Darum heißt es hier einfach: erste, zweite, dritte, vierte Umkehrung des No- nenakkordes.

160. Hätte das nicht auch bei den Umkehrungen der Dreiklänge und Septimenakkorde genügt?

Ja, und es wäre dann Konsequenz in diese Benennungen gekommen. Aber die Konsequenz ist eben die Stärke der älteren Theoretiker niemals gewesen, ist freilich auch in der Harmo- nielehre sehr schwer herzustellen, und wird, wie schon bemerkt, vollständig in allen Lehrpunkten schwerlich jemals aufzufinden sein.

161. **Werden die Umkehrungen nicht auch hinsichtlich ihres Stufensitzes besonders bezeichnet?**

Nein.

162. **Warum nicht?**

Weil es unnöthig ist.

163. **Wie kann man aber, wenn z. B. in der Baßstimme die Note e steht, wissen, ob damit die erste Umkehrung des C dur-Dreiklanges gemeint sei?** Das e kann ja auch Grundton von E moll oder E dur und noch vieler anderer Stammakkorde, und ebenso auch Baßton vieler anderer Umkehrungen sein? wie z. B.

[Musiknotenbeispiel]   u. s. w.

Keine dergleichen Unsicherheit und Verwechslung ist möglich, wenn man merkt, daß die Zahl unwandelbar fest die Stufe des Stammakkordes, und der große lateinische Buchstabe die bezügliche harte, der kleine die bezügliche weiche Tonart angibt. In dem Beispiel auf S. 49 ist das anschaulich gemacht. Die Zahl ohne weiteres Zeichen bedeutet jedesmal einen Dreiklang, und zwar auf der Stufe, welche die Zahl angibt. In derselben Weise bedeutet die Zahl mit einem Punkte jedesmal den Septimenakkord u. s. w., wie es im sechsten Kapitel angegeben ist.

Man braucht daher nicht einmal die Noten hinzuschreiben, es genügt schon der Buchstabe und die Zahl dazu, um zu wissen, welche Harmonie, ob Stammakkord oder Umkehrung, gemeint sei, und so den richtigen Akkord darüber setzen zu können. Ein Beispiel wird genügen, um das klar zu machen. Nehmen wir folgende Buchstabenreihe an:

$$A: a, \quad h, \quad cis, \quad a, \quad d, \quad h, \quad gis, \quad a,$$
$$1 \quad \dot{5} \quad 1 \quad 1 \quad 4 \quad 2 \quad \dot{5} \quad 1,$$

so würde der Baß der ersten Reihe sein:

A. 1   5̇   1   1   4   2   5̇   1

und die darüber zu setzenden Akkorde wären:

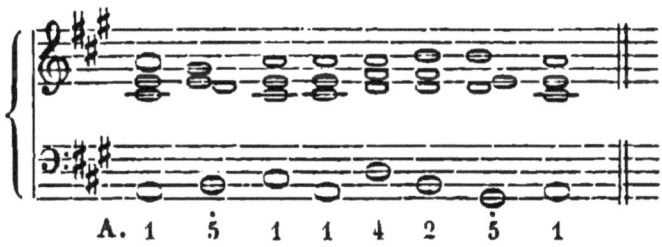

A. 1   5̇   1   1   4   2   5̇   1

Am Anfang der Reihe steht das große lateinische **A**, welches
A dur bezeichnet. Die 1 unter dem ersten a bedeutet den Drei=
klang der ersten Stufe. Nun kommt h im Baß, darunter steht
aber 5, welche den Dominantseptimenakkord auf der fünften
Stufe von A dur anzeigt. Das darüber stehende h kann dem=
nach nicht der Grundton sein, denn dieser ist e; folglich ist h
eine Umkehrung des Septimenakkordes, und als Quinte des=
selben die zweite Umkehrung, der Quintsextakkord. Unter dem
dritten Ton im Basse steht 1 (Dreiklang der ersten Stufe),
folglich ist das cis kein Grundton, sondern die erste Umkehrung
des Dreiklanges der ersten Stufe; der vierte Ton im Baß be=
darf keiner Erklärung mehr; der fünfte Ton ist Grundton,
denn d nimmt die vierte Stufe von A dur ein. Nun kommt
aber wieder ein h, diesmal aber mit der Zahl 2 darunter;
das ist also der Grundton des auf der zweiten Stufe von A dur
sitzenden weichen Dreiklanges; unter der siebenten Note gibt
die Zahl mit dem Punkte darüber wieder den Septimenakkord
der fünften Stufe an; davon ist gis die Terz, und so ist hier
die erste Umkehrung, der Quintsextakkord, gemeint.

164. **Wozu dient aber überhaupt diese Bezeichnung der Ak=
korde?**

Sie ist eine einfachere Generalbaßschrift, wenn nach einer
bloßen bezifferten Baßstimme begleitet werden soll. Sie dient
aber auch zu den Uebungen der Schüler, welche zu einer gege=
benen Melodie in der Baß=, oder Mittel=, oder Oberstimme die
übrigen nöthigen Akkordtöne schreiben sollen, um sich in der
Führung der Stimmen nach den Regeln des reinen Satzes zu
üben.

165. Wenn man die Umkehrungen der Nonenakkorde spielt, wie sie auf S. 49 notirt sind, so klingen die in einander geschobenen Töne verwirrt und unangenehm. Werden sie in den Tonstücken wirklich so gebraucht?

Nein. Schon der Grundakkord selbst wird selten so gebraucht. Hier kommen uns die verschiedenen zerstreuten Lagen zu statten, in welchen die Harmonien dargestellt werden können, z. B.

So gelegt, erscheinen sie klarer und wirken besser.

166. Dann ist die Anwendung der zerstreuten Lagen wol noch viel nothwendiger bei den Umkehrungen?

Allerdings. In enger Lage dürfen diese gar nicht gebraucht werden. Mit weiter auseinander gelegten Intervallen, in zerstreuter Harmonie, kommen wenigstens die Umkehrungen des großen und kleinen Nonenakkordes in neueren Werken, wenn auch noch selten, vor. Z. B.

In Dur.

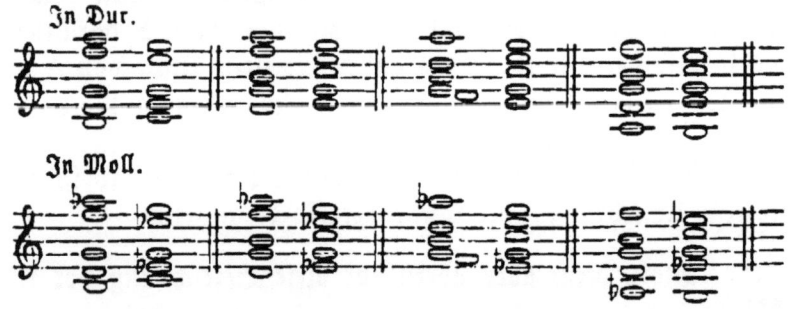

In Moll.

Nur die letzte Umkehrung (None im Baß) ist vielleicht noch niemals gebraucht worden.

167. Wenn die Nonenakkorde in dem rein vierstimmigen Satze gebraucht werden sollen, welches Intervall bleibt dann weg?

In dem Stammakkord wie in den Umkehrungen am besten die Quinte, wie in den unvollständigen Septimenakkorden auch.

168. Reiner klängen die Umkehrungen doch, wenn die Oktave des Grundtones weggelassen würde, wie hier?

Mag sein. Dann ist es aber keine Umkehrung des Nonen-akkordes, sondern nur ein Nebenseptimenakkord. Wir nennen Nonenakkord nur die Harmonie, wo Grundton und None als selbstständige Intervalle erscheinen.

169. Sind auch die Umkehrungen der alterirten Akkorde in zer-streuter Lage zu behandeln?

Ja, aber mit mehr Vorsicht noch als die unalterirten, selbst auch die Stammakkorde. Hier einige Beispiele. Die Gründe wird jeder nach den obigen Bemerkungen ohne weitere Erklä-rung einsehen, oder vielmehr herausfühlen.

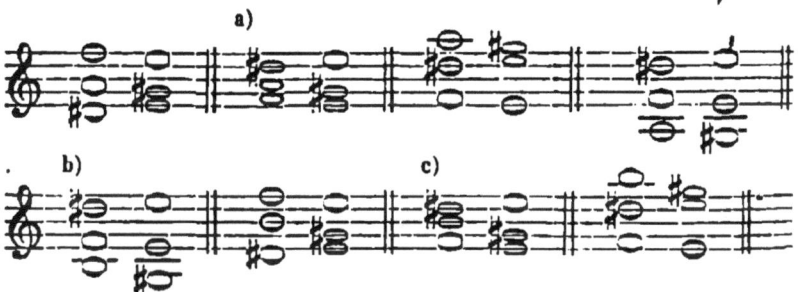

Die erste Umkehrung des weichverminderten Dreiklanges macht auch in enger Lage, wie unter a), eine gute Wirkung, weil das f-dis als übermäßige Sexte erscheint. *)

Unter b) sieht man, wie auch die ursprüngliche erste Auflö-sung des Grundtons des hartverminderten Dreiklanges durch den Schritt in die erste Umkehrung des folgenden Akkordes ge-schehen und dadurch die Leere desselben vermieden werden kann. **)

170. Muß nicht auch der übermäßige Dreiklang in weiter Lage dargestellt werden?

Er kann, aber muß nicht. Die zwei großen Terzen im Stammakkord unterscheiden sich für das Gehör schon deutlich

---

*) Diese erste Umkehrung hat, wahrscheinlich, weil sie lange Zeit allein in Gebrauch gewesen, und auch jetzt noch am häufigsten vorkommt, einen eigenen Namen erhalten; sie heißt: übermäßiger Sextakkord.

**) Diese Umkehrung wird übermäßiger Quintsextakkord ge-nannt.

genug. Immerhin macht er sich in weiterer Lage gut, und
wird in solcher auch oft verwendet, z. B.

171. Welche Arten von Septimenakkorden und deren Umkeh=
rungen bedürfen der zerstreuten Lage, um angenehmer in's Gehör
zu fallen?

Erstens: der alterirte Septimenakkord auf der fünften
Stufe von Dur.

Zweitens: der alterirte Nebenseptimenakkord auf der zwei=
ten Stufe von Moll.

Drittens: der alterirte Nebenseptimenakkord auf der vier=
ten Stufe von Moll.

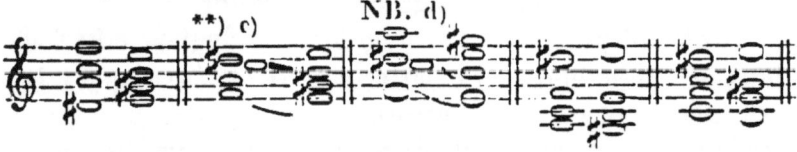

172. Welchen Arten von Nonenakkorden und deren Umkehrun=
gen ist die zerstreute Lage nöthig?

Wenn nicht allen unbedingt nöthig, doch allen, Stamm=
akkorden wie Umkehrungen, ersprießlich. Den Stammakkor=
den nach Analogie der oben gezeigten zerstreuten Lage des gro=
ßen und kleinen Nonenakkordes sammt dessen Umkehrungen.

---

*) Diese Umkehrung heißt: übermäßiger Terzquartsext=
akkord.
**) Diese Umkehrung heißt: übermäßiger Quintsextakkord.

Außerdem ist besonders zu berücksichtigen:

Erstens: der alterirte Nonenakkord auf der fünften Stufe von Dur.

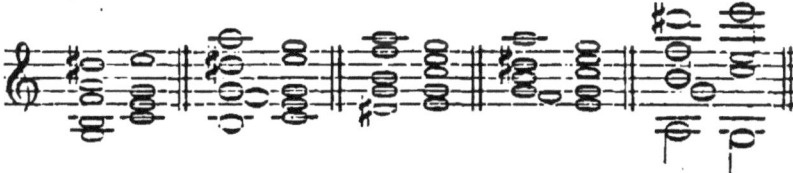

Zweitens: der alterirte Nonenakkord auf der zweiten Stufe von Moll.

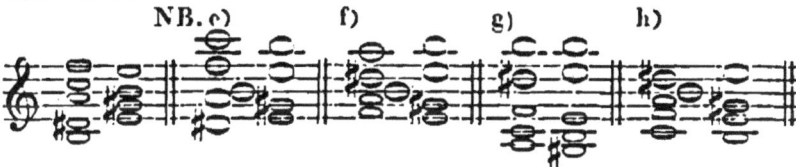

Drittens: der alterirte Nonenakkord auf der vierten Stufe von Moll.

173. Was bedeuten die NB.s in den vorstehenden Beispielen?

Die unter a) und b) sollen die Anwendbarkeit dieser Um=
kehrungen auch in enger Lage bemerklich machen. Die unter
c) und d) enthalten zwei reine Quinten in gerader Bewegung.
Ohr und Theorie haben aber nichts dagegen einzuwenden.
Fälle der Art kommen in der Praxis nicht selten vor. Wen sie
geniren, der kann sie leicht vermeiden durch die vorherige Ver=
wechslung mit der Umkehrung des alterirten Septimenakkordes
auf der zweiten Stufe von Moll, nämlich:

namentlich die zweite Setzart unter k) würde vorzuziehen sein,
weil hier die offenbare Quintenfortschreitung zu bloß liegt,
während sie unter i) gerade durch die enge Lage mehr ver=
steckt ist.

**174. Die Umkehrungen unter e), f), g), h) klingen doch, na=
mentlich die unter e) mit ihren bloß liegenden offenbaren Quin=
ten, zu widerwärtig?**

Damit ist aber nicht die absolute Unbrauchbarkeit derselben

dargethan; denken wir nur daran, daß diese erste Auflösung nicht die einzig mögliche solcher dissonirenden Akkorde ist. Fortschreitungen zu anderen Akkorden sind ja viele noch möglich, und nehmen wir auch noch das Milderungsmittel der Vorbereitung zu Hilfe, so werden sich Gebrauchsweisen auch dieser Umkehrungen den künftigen Harmonikern genug anbieten und gewiß auch in künftigen Tonwerken auftreten. Ich will mit dem Falle unter e) nur einen Versuch anstellen.

In dieser Weise sind alle in der Tabelle aufgeführten Akkorde, so widerhaarig sie, isolirt, oder mit dem beschränkten Begriffe Auflösung betrachtet, auch aussehen mögen, brauchbar.

Zweiundzwanzigstes Kapitel.

Von der harmonischen Figurirung.

175. Was versteht man unter harmonischer Figurirung?

Die Darstellung eines Akkordes oder ganzer Akkordreihen in einer oder mehreren Stimmen durch die einzelnen Akkordintervalle in der Nacheinanderfolge. Man nennt sie auch gebrochene Akkorde, Arpeggien, harmonische Nebennoten.

Harmonisch figurirte, oder gebrochene Akkorde in einer Stimme.

In der Vierstimmigkeit eine Stimme.

In der Oberstimme.

In der zweiten Stimme.

In der dritten Stimme.

In der vierten Stimme.

Hier, in der Unterstimme, werden die harmonischen Neben=
noten zugleich Umkehrungen des Akkordes.

Dreiundzwanzigstes Kapitel.

Harmoniefremde Töne. Vorhalt. Vorausnahme oder Anticipation.

176. Was versteht man unter harmoniefremden Tönen?

Alle diejenigen, welche keine Akkordintervalle sind, sondern
als eingeschobene Töne, als Schmuck neben den Akkordinter=
vallen erscheinen.

177. Was ist ein Vorhalt?

Die erste, am bedeutendsten hervortretende Art von harmo=
niefremden Tönen.

178. Wie entsteht er?

Wenn man einen Ton aus dem vorigen Akkorde noch in
dem folgenden liegen und ihn erst später eintreten läßt.

Bei a) steht die einfache Akkordfolge. Bei b) ein daraus

gebildeter Vorhalt. Das c unter 2 nämlich ist kein Ton mehr, der zu dem darunter liegenden Terzquartakkord der fünften Stufe von Dur gehört, sondern ein dieser Harmonie fremder Ton, der den Eintritt des h verzögert und erst auf der zweiten Hälfte des Taktes nachbringt.

179. Wie sieht man aber einer solchen Note an, daß sie Vorhalt und nicht Akkordton ist?

Indem man die Töne terzenweise von dem darin enthaltenen untersten bis zu dem obersten Intervall legt. Dies würde bei der unter 2 liegenden Gestaltung folgendes Resultat bringen:

folglich einen Uebereinanderbau von f ü n f Terzen, oder einen s e ch s s t i m m i g e n Akkord. Einen solchen erkennen aber unsere neueren Systeme nicht mehr an, wol mit Recht, da wir mit den drei-, vier- und fünfstimmigen Stammakkorden alle möglichen harmonischen Erscheinungen erklären können.

180. Was bedeuten die Zahlen über der unter b) liegenden Gestaltung?

Die 2 mit dem Strich darunter bezeichnet den E i n t r i t t des harmoniefremden Tones, des vorhaltenden c; das unter 3 folgende h wird die A u f l ö s u n g des Vorhaltes genannt; und das c unter 1 bildet die V o r b e r e i t u n g des folgenden, unter 2 erscheinenden Vorhalts.

161. Ist dies die einzige Form des Vorhaltes?

Nein! es kommen in der heutigen Praxis viel f r e i e r e , sogenannte a u s n a h m s w e i s e Vorhaltserscheinungen vor. Die oben gezeigte gibt nur die s t r e n g s t e Art derselben an, wozu gehört, daß die Vorbereitung 1) in derselben S t i m m e , 2) in der nämlichen T o n h ö h e , 3) g e b u n d e n , 4) h i n länglich lang, d. h. nicht länger als der Vorhalt selbst, 5) als w i r k l i c h e r Akkordton, und 6) auf l e i c h t e r Z e i t (Arsis, Aufschlag) erscheine; dazu darf 7) die A u f l ö s u n g des Vorhaltetons jederzeit nur in die nächste Stufe auf- oder abwärts erfolgen.

182. Also gibt es, wie Vorhalte nach unten, auch Vorhalte nach oben?

Ja. Jede, eine Stufe abwärts oder aufwärts gehende Akkordnote kann vorgehalten werden.

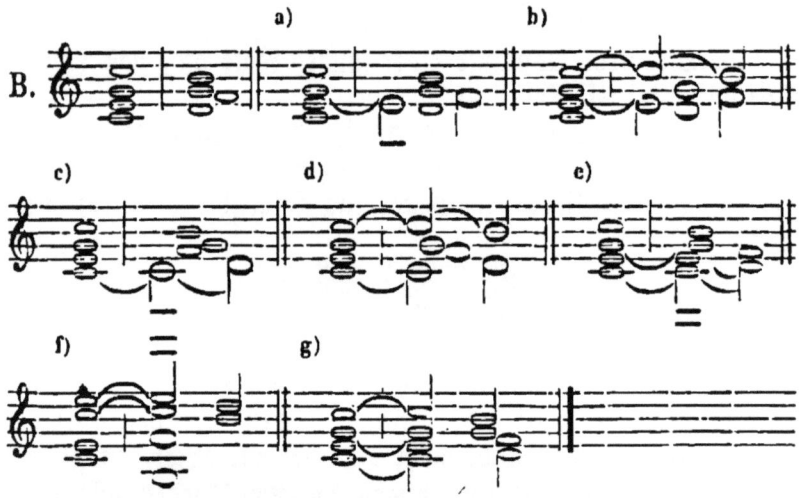

183. Sind diese Vorhalte alle brauchbar?

Ja, wenn sie auch nicht alle gleich angenehm klingen. Die meisten aufwärts schreitenden haben etwas Gezwungenes, Widerhaariges für die Empfindung, die abwärtsschreitenden klingen natürlicher und angenehmer.

184. Gehört die Gestaltung unter g) auch zu den Vorhalten?

Nein. Die Bindung allein macht noch keinen Vorhalt. Es muß wenigstens ein Ton des neuen Akkordes erscheinen, wenn dessen Eintritt fühlbar werden soll. Dies ist unter g) nicht der Fall. Die erste Hälfte des zweiten Taktes ist nur eine Verlängerung desselben Akkordes, aber kein Vorhalt.

185. Der Vorhalt in der Beispielreihe B, unter a), sieht ja genau wie die letzte Umkehrung des Nebenseptimenakkordes

aus; der unter e) gleicht auf ein Haar dem Nebenseptimenakkorde auf der ersten Stufe von C dur. Schlägt man sie isolirt an, so wird sie kein Kennerohr für etwas Anderes halten, als für wirkliche echte Akkorde. Da nun in der Erklärung des Vorhalts als wesentlicher Begriff „harmoniefremder Ton" aufgestellt worden, in den angezogenen Beispielen aber ein harmoniefrem=

der Ton nicht vorkommt, so liegt hier ja in der Erklärung dieser Beispiele als Vorhalte ein schreiender Widerspruch! Welche Bewandtniß hat es damit?

Im Allgemeinen hilft sich die Theorie mit dem Ausdruck: Scheinakkord. Sie sagt: das Ding sieht freilich genau wie ein Akkord aus, ist aber doch keiner, sondern hat nur den Schein eines solchen angenommen.

186. Das klingt sehr sonderbar! Womit rechtfertigt man diese Erklärung?

Damit, daß der wirkliche Akkord sich unmittelbar in einen andern Akkord, die Vorhaltsnote eines Scheinakkordes aber sich auf demselben Akkorde auflöse. Demnach sei obiger Septimenakkord

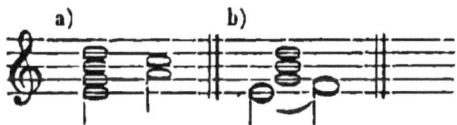

unter a) ein wirklicher Septimenakkord, weil er sich in einen andern Akkord, hier in den Dreiklang, auflöse, unter b) aber nur ein Scheinakkord, weil das e eigentlich f sei, welches nur etwas verspätet nachkomme.

187. Ist dieser Unterschied ein überall festgehaltener? In diesem Falle hätte die Erklärung eine Art Berechtigung.

Leider nicht! Unter den sogenannten Ausnahmen kommen Erscheinungen vor, wie z. B.

Hier wird das d unter 1 als Vorhalt des darauf folgenden c erklärt. Obgleich nun der Akkord unter 1 genau wie der Nebennonenakkord auf der ersten Stufe von Cdur (mit weggelassener Septime) aussieht, und ebenso klingt, und obgleich er sich zwar nicht in seiner ersten Weise auflöst, aber doch selbstständig zu einem andern Akkorde fortschreitet, so lehrt die alte Theorie nichtsdestoweniger: es ist nur ein Scheinakkord, in Wahrheit aber ein Vorhalt.

188. Wie wird aber alsdann die vorletzte Regel „Auflösung auf demselben Akkorde" erklärt?

Man nennt das: eine Uebergehung der nächsten Auflösung, und sagt: das Beispiel unter 1 sei eigentlich so gemeint

d. h. die Auflösung des d in c auf demselben Dreiklange werde übergangen und trete auf der Auflösungsnote gleich ein anderer Akkord ein.

189. Und käme man mit dieser Erklärung dann bei allen solchen Ausnahmen von den Vorhaltsregeln aus?

Auch nicht! Der vorgehaltene Ton löst sich manchmal erst auf dem dritten Akkorde auf; z. B. anstatt wie bei a), so wie bei b):

Man nennt solche Fälle auch „verzögerte Auflösung des Vorhalts".

Aber noch nicht genug, unter den ausnahmsweisen oder wie es auch heißt „freieren" Vorhaltsgestaltungen kommen Erscheinungen vor, wo sich der Vorhalt gar nicht in seine nächste höhere oder tiefere Stufe, sondern in ein entfernteres Intervall auflöst, wie hier z. B.

190. Das ist ja ein wahrer Mischmasch von widersprechenden Regeln, Ausnahmen und Freiheiten. Es fehlte nur, daß man auch die Vorbereitung des Vorhalts noch beseitigte, so bliebe ja bei manchen sogenannten Vorhaltserscheinungen kein einziges der oben dafür angegebenen Kennzeichen übrig!?

Kommt auch vor! Die folgenden Erscheinungen

u. s. w.

sollen ohne Vorbereitung, frei eintretende Vorhalte sein.

191. Ist denn in diesen Wirrwarr von Regeln nicht mehr Ordnung, Uebereinstimmung, Sicherheit und Konsequenz zu bringen?

Ich habe es in meiner „vereinfachten Harmonielehre" versucht.

192. In welcher Weise?

Durch folgende einfache Grundsätze. Nämlich:

Erstens: Vorhalte können vorbereitet, aber auch unvorbereitet, d. h. frei eintretend gebraucht werden. Denn in letzterer Weise kommen sie in der neueren Praxis eben so oft, wenn nicht öfter vor als in der ersten, strengen Form.

Zweitens: Jede harmonische Erscheinung, die wie ein Akkord aussieht, und isolirt so klingt, scheint nicht blos, sondern ist ein Akkord. Oder anders ausgedrückt: jede Harmonie, die sich auf einen Drei-, vier- oder fünfstimmigen Terzenbau unseres Systems zurückführen läßt, ist ein Akkord. Einen unzweideutigen Vorhalt bildet demnach nur ein wirklicher harmoniefremder Ton, d. h. ein solcher, der unter keinen der angenommenen Akkorde zu bringen ist.

193. Manche Harmonieerscheinungen haben aber doch das Ansehen von Vorhalten?

Mag sein. In solchen Fällen ist es aber doch wol natürlicher zu sagen: diese Stelle tritt in der Form eines Vorhaltes

auf, ist aber keiner, weil ihm das Hauptkennzeichen, harmo=
niefremder Ton, fehlt, als zu lehren: diese Gestaltung
sieht aus und klingt wie ein Akkord, ist aber keiner, weil er
in der Reihe wie ein Vorhalt aussieht.

**194. Was wird denn aber durch diese umgekehrte Erklärungs=
weise eigentlich gewonnen? die Sache bleibt sich ja im Grunde
gleich?**

Darauf wird das 30. Kapitel antworten.

**195. Wie ist man darauf gekommen, Akkorde in dieser Verbin=
dung als wirkliche, in einer andern als scheinbare zu erklären?**

Zum Theil durch die beschränkten Begriffe von Vorberei=
tung und Auflösung; sodann in Folge davon durch die Be=
schränkung solcher Stammakkorde, die sich mit jenen Begriffen
nicht brauchen ließen; und endlich durch den Glauben an die
Ueberlieferungen früherer Theoretiker, die ihre Regeln aus der
zu ihrer Zeit gebräuchlichen Praxis abzogen, und freilich die
freiere Harmoniebehandlung späterer Zeiten nicht kennen
konnten.

**196. Lassen sich die vorgeschlagenen einfachen Grundsätze überall
durchführen?**

Ich glaube es. Blicken wir z. B. auf die Stelle bei I zu=
rück. Wir sehen und hören unter a) die erste Umkehrung des
Dominantseptimenakkordes, unter b) den Nonenakkord auf der
ersten Stufe von C dur mit weggelassener Septime, unter c)
den Nebendreiklang der sechsten Stufe von C dur. Warum soll
der Nonenakkord ein Vorhalt sein, da doch kein harmonie=
fremder Ton dabei ist? Blos weil dieser Nonenakkord nicht
die erste, gebräuchliche Auflösung, sondern eine andere
Fortschreitung hat. Dieser Grund kann aber, wie ich
mehrfach gezeigt, in unserer Zeit nicht mehr gelten, weil un=
zählige ähnliche Fälle mit anderen Akkorden längst in unseren
neueren Tonwerken vorkommen.

**197. Aber die Harmonie in Beispiel II unter a kann unter
keinen Akkord gebracht werden? Oder man müßte einen sechs=
stimmigen Akkord bringen?**

Nun wohl. Dieses d ist ein wirklicher Vorhalt, weil es

kein Akkordton sein kann. Man wird mit diesem Unterschiede niemals in Verlegenheit gerathen. Nehmen wir folgende Harmoniereihe an:

Niemandem wird es einfallen, die unter 3) eingehalte Stille für einen Vorhalt zu erklären, obgleich die Bindungen der Oberstimmen ihm ganz das Ansehen eines solchen geben. Die Gestaltung unter 2) sieht und hört sich ganz wie ein Nonenakkord an und macht eine selbstständige Fortschreitung zu einem andern Akkorde. Warum sollte sie als Vorhalt erklärt werden? Blos wegen der Bindung? Dagegen ist das f unter 1) ein wirklicher Vorhalt, denn ein Akkord ist nach unserem System durch den Terzenbau nicht herzustellen.

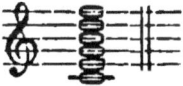

198. Demnach wären auch die in Beispiel III gezeigten Fälle keine Vorhalte?

Nein, denn sie enthalten keinen harmoniefremden Ton. Die Gestaltung unter a) ruht auf dem Nebenseptimenakkorde unter b), die unter c) auf dem Nebennonenakkorde unter d). Warum sollen es und noch dazu ausnahmsweise Vorhaltsgestaltungen sein? Das folgende Beispiel

ist ganz analog den obigen Fällen. Wird irgend ein Theoretiker sie eine freiere, ausnahmsweise Vorhaltsgestaltung nennen?!

199. Was sind Anticipationen oder Vorausnahmen?

Noten des nächsten Akkordes, die schon auf dem vorhergehenden eintreten. Die mit v bezeichneten Töne sind solche Anticipationen, denn sie gehören erst zum folgenden Akkorde.— Wie die Vorhalte zu spät eintreten, treten die Vorausnahmen zu früh ein.

Vierundzwanzigstes Kapitel.

Von den Wechselnoten.

200. Was versteht man unter Wechselnoten?

Diejenigen harmoniefremden Töne, welche frei eintretend, oder von einer Akkordnote wegspringend, stufenweise auf- oder abwärts zu einer Akkordnote schreiten. Die unter O stehenden Töne sind Wechselnoten.

201. Diese Wechselnoten sehen ja genau aus und klingen auch wie frei eintretende Vorhalte?

Allerdings. Man könnte auch deshalb eine von beiden Benennungen getrost beseitigen, entweder alle Wechselnoten unter den Begriff: frei eintretende Vorhalte, oder umgekehrt alle Vorhalte unter vorbereitete und frei eintretende Wechselnoten zusammenfassen.

202. Warum hat die Theorie das nicht gethan?

Wol auch aus dem schon oben angeführten Grunde. Die ältere Musik ließ keine frei eintretenden Vorhalte hören, brachte sie nur in strenger Form und in breiten Noten an. Die soge-

5 *

nannten Wechselnoten wurden dagegen, als sie in Gebrauch
kamen, meist in kürzeren, flüchtigen Notengeltungen eingeführt,
und eben nicht vorbereitet. Die Nichtvorbereitung gab aber
natürlich so lange einen wesentlichen Unterschied gegen den Vorhalt ab, als dieser nur in strenger Form gebraucht wurde.
Heutzutage ist dieser Unterschied lange kein wesentlicher mehr,
wie wir gesehen haben.

203. Kommen die Wechselnoten auch in anderen Stimmen,
außer in den oberen, vor?

Nicht allein in allen, sondern auch in mehreren Stimmen
zugleich, z. B.

überhaupt in allen Weisen, in welchen die Vorhalte erscheinen
können.

204. Dann kommt es aber gewiß auch vor, daß viele Töne für
Wechselnoten angesehen werden, die Akkordnoten sind, wie es
bei den Vorhalten so oft der Fall ist?

Allerdings. Die meisten der in dem vorstehenden Beispiele
als Wechselnoten bezeichneten Töne sind genau betrachtet Akkordintervalle. In folgender Stelle z. B.

erklärt die Theorie alle mit den Strichen bezeichneten Töne für
Wechselnoten, da doch eigentlich keine einzige harmoniefremde
vorhanden, vielmehr alle zu Akkorden gehören können, nämlich:

205. So sollte auch hierbei der obige einfache Grundsatz fest im Auge behalten und nur die wirklich harmoniefremden Töne als Wechselnoten betrachtet werden?

Wenn man konsequent sein will — ja. Ich habe deshalb in meiner vereinfachten Harmonielehre auch dafür eine veränderte Formel vorgeschlagen, nämlich anstatt wie bisher zu sagen: „diese Gestaltung sieht zwar genau wie ein Akkord aus, ist aber nur Wechselnote", sagen wir:

Diese Gestaltung ist Akkord, erscheint aber in einer Form, welche der Wechselnote (oder freien Vorhaltsgestalt) unsrer gewohnten Ansicht nach ähnelt, keineswegs gleicht. Denn das wesentliche Kennzeichen der Wechselnote, „harmoniefremd", fehlt ihr.

206. Sollten gegen diesen Grundsatz in Bezug auf die Wechsel= noten nicht erhebliche Einwendungen vorgebracht werden können?

Es ist bereits geschehen. Man hat mir entgegengehalten, welche unendlich überladene Bezeichnungsweise entstehen würde, wenn fast jede Wechselnote als Akkordnote gelten sollte.

207. Ist das nicht ein sehr gewichtiger Einwurf?

Gewiß, wenn ich das verlangt hätte und verlangte! Aber wo habe ich das gethan! Genug, im folg. Kapitel mehr darüber.

Fünfundzwanzigstes Kapitel.

Von den diatonischen und chromatischen durchgehenden Noten.

208. **Was versteht man unter durchgehenden Noten?**

Harmoniefremde Töne, die von einer Akkordnote zu einer anderen, nächsten Akkordnote stufenweise fortschreiten (durchgehen).

Die mit × bezeichneten Töne sind Durchgänge, Durchgangsnoten. — Von c–e ist die Terz durch das harmoniefremde d ausgefüllt, von e–g durch das harmoniefremde f,
der Quartenschritt g–c durch die beiden harmoniefremden Töne
a und h.

209. Was ist ein diatonischer Durchgang?

Wo nur die Töne aus der diatonischen Tonleiter verwendet
sind. Das obige Beispiel ist von dieser Art.

210. Was sind chromatische Durchgänge?

Wo die Akkordnoten auch mit Tönen aus der chromatischen
Tonleiter ausgefüllt sind, z. B.

Man sieht, daß drei, vier harmoniefremde Töne zwischen
zwei Akkordtönen erscheinen können, ohne das Gehör zu
beleidigen. Nur müssen sie immer stufenweise aufeinander folgen. Der Sprung von einer durchgehenden zu einer
andern oder zu einer Akkordnote fällt immer unangenehm auf,
z. B.

**211. Können die Durchgänge auch in anderen Stimmen er-
scheinen?**

In allen; dazu auch in Terzen, Sextengängen, doppelt, ja
dreifach. Nur einige Beispiele davon.

212. In diesen Beispielen treffen die doppelt durchgehenden Noten nicht immer zusammen. Oft ist die eine Note akkordlich, die andere gleichzeitig dazu erklingende harmoniefremd; ist das erlaubt?

Wenn es nicht schlecht klingt, ist's auch erlaubt. Die vor=

stehenden Sätzchen alle werden Niemandem unangenehm
klingen.

213. **Wie kommt das, da manche Zusammenklänge kraus ge=
nug aussehen, insbesondere z. B. die unter Nr. 7 auf= und ab=
wärts zugleich fortschreitenden Terzengänge?**

Die Ursache liegt darin, daß man sie sich in schnellem
Tempo denkt oder spielt. Da kann das Ohr die einzelnen Ver=
hältnisse der Intervalle nicht genau verfolgen; es achtet scharf
nur auf Anfang und Ende solcher Stellen, und da an diesen
beiden Punkten der Akkord einfach und deutlich angegeben ist,
so hält sich das Gehör daran und bezieht alle anderen Ein=
schiebsel auf diesen einfachen harmonischen Grund. Spielte
man jedes Achtel im Adagio-Tempo und etwa in der Geltung
einer ganzen Note, so würde die Sache sich anders ausneh=
men, und der Hörer ein saures Gesicht über die vielen aufein=
ander folgenden Dissonanzen ziehen.

214. **Ist das a am Anfang der zweiten Takthälfte unter Nr. 8
als Akkordnote, als Nonenakkord zu betrachten?**

Warum nicht? der Satz erscheint dem Ohr wie hier:

und folglich wie ihn die darunter stehende Bezeichnung angibt.

215. **Rechnet man auch den Satz unter Nr. 9 unter die Durch=
gänge?**

Bald unter die dreifachen Durchgänge, bald, besonders
wenn die Stelle in größeren Notengeltungen und im langsa=
men Tempo erscheint, unter eine andere Art von harmoniefrem=
den Noten, wovon wir später zu handeln haben. Einstweilen
ist zu sagen, daß außer den Tönen auf dem letzten Achtel des
ersten Taktes alle anderen einzelnen Theile dieser Figur eigent=
lich Akkorde sind, wie sich hier unter den drei gleichen Buchsta=

ben a), b), c) zeigt, wenn wir fie in die Terzenlage ftellen, nämlich:

Auch darüber fpäter Näheres.

Sechsundzwanzigstes Kapitel.

Vom Orgelpunkt.

216. Was verfteht man unter Orgelpunkt?

Einen liegenbleibenden Grundton, über welchem Akkord-reihen hinfchreiten können, die zwar unter fich harmoniren, zu denen aber der Baß harmoniefremd erfcheint.

217. Wird zum Orgelpunkt immer der Grundton gewählt?

Nein, man kann auch die Quinte dazu verwenden, oder beide Intervalle Grundton und Quinte zugleich erklingen laffen.

Zu dem Akkorde bei A) unter 4 ift das c im Baß harmo-niefremd, denn es ift aus diefen Intervallen ein drei- oder vier- oder fünfftimmiger Terzenbau nicht herzuftellen; derfelbe

Fall zeigt sich mit dem Akkorde unter 6. Wollte man diese Töne terzenweise übereinander setzen, so käme ein sechsstimmiger Akkord heraus, nämlich:

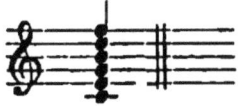

Nach dieser Bemerkung kann man die Akkorde bei B) und C), zu welchen der Grundton als harmoniefremd erscheint, leicht selbst herausfinden.

218. Muß der Orgelpunkt stets im Baß liegen?

Nein; er kommt auch zuweilen in der Oberstimme, ja selbst in einer Mittelstimme vor, z. B.

219. Welche Regeln sind beim Orgelpunkt zu beobachten?

Die gebräuchlichen sind folgende:

1) zu dem Eintritt des Orgelpunktes sollen die anderen Intervalle nicht harmoniefremd sein.

2) Die Akkordreihe, welche über oder unter dem liegenbleibenden Tone hinschreitet, muß regelrecht nach den harmonischen Verbindungsgesetzen behandelt sein.

3) Der letzte Akkord darf ebenfalls, wie der erste, keine harmoniefremden Intervalle zum Orgelpunkt hören lassen.

Hiernach darf ein Orgelpunkt weder anfangen wie bei a) noch enden wie bei b):

Siebenundzwanzigstes Kapitel.

Von den durchgehenden oder Scheinakkorden.

220. Was versteht man unter durchgehenden Akkorden?

„Durchgehende, oder auch Scheinakkorde" — sagt die bis=
herige Theorie — „nennt man solche, die bei den kleineren
Taktgliedern nach Art der Durchgangsnoten in mehreren Stim=
men als wirkliche Akkordgestaltungen erscheinen,
bei deren Eintritt und Behandlung sich aber **mitunter** eine
von den **allgemeinen Regeln der Akkordverbindung**
abweichende Art finden läßt."

Ferner: „Man hat von jeher den Akkorden auf der Thesis
bei ihrem Auftreten mehr Sorgfalt zugewendet und bei jenen
der Arsis Manches erlaubt, was ihnen nicht gestat=
tet war."

Und weiter: „Alle als durchgehend bezeichnete Akkorde wer=
den entweder nach den bekannten Regeln der Harmonie=
verbindung fortschreiten oder davon abweichen."

Als Beispiele solcher durchgehender oder Scheinakkorde
werden nun unter anderen folgende angeführt:

Die Auseinandersetzung der in diesen Takten vorkommen

sollenden Durchgangs = oder Scheinakkorden lautet: „Die ei =
genthümliche Erscheinung des Quartsextakkordes in dem
Beispiele a) und c), sowie des Septimenakkordes in c) ist
nur durch die im Charakter der Durchgangsnoten
erfolgte stufenweise Fortschreitung aller Stim =
men zu ihrem nächsten Ziele (dem Akkord der Thesis im
folgenden Takte) zu erklären."

221. Was wird unter Eintritt mancher Akkorde verstanden:
die mitunter eine von den allgemeinen Regeln der
Akkordverbindung abweichende Art zeigen?

Daß z. B. eine Septime sich nicht nach der ersten gewöhnlichen
Regel eine Stufe abwärts auflöst, sondern liegen bleibt, wie
bei b) unter O die Septime c im Baß, und folglich der Akkord
auf eine andere als die gewohnte Weise fortschreitet.

222. Wie ist es aber nur möglich, hier eine Regel, die gewöhn =
liche Auflösung der Septime, zur Nichtanerkennung einer Akkord =
erscheinung zu benutzen, da doch dieselben Theoretiker in anderen
Fällen einen anders fortschreitenden Septimenakkord als solchen
gelten lassen?

Die Antwort darauf mag sich Jeder selbst geben. Fest steht,
daß z. B. in folgenden Fällen

beide Akkorde von der Theorie als selbstständige Harmonien
erkannt werden, obschon sie sich nicht nach der ersten Regel
auflösen; daß die obige Gestaltung b) in folgende Stellung:

ebenfalls bei allen Theoretikern als selbstständiger Akkord ange =
nommen wird.

223. Warum denn um's Himmelswillen soll der Nebensepti =
menakkord unter b) nur ein Scheinakkord sein?

Weil der Grundton, welcher hier die Septime bildet, lie =

gen bleibt, und man gewohnt ist, Akkorde, die über einem liegenbleibenden Grundtone hinschreiten, für harmoniefremd, für einen Orgelpunkt zu erklären!

Achtundzwanzigstes Kapitel.

Von der Enharmonie oder den enharmonischen Akkorden.

224. Was sind enharmonische Akkorde?

Solche, wovon ein Intervall oder mehrere verschieden notirt werden können, z. B.

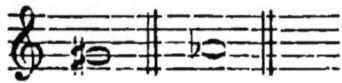

der Ton bleibt für das Ohr derselbe, wird aber anders geschrieben. Die beiden hier stehenden Töne gis, as sind demnach enharmonisch verwechselt.

225. Können alle Akkorde enharmonisch verwechselt werden?

Nein, nur der übermäßige Dreiklang; der verminderte Septimenakkord; die alterirten Septimenakkorde auf der zweiten und vierten Stufe von Moll, und der Dominantenseptimenakkord.

226. Wie wird der übermäßige Dreiklang enharmonisch verwechselt?

Auf folgende Weisen:

Bei a) ist er Grundakkord, bei b) Sextakkord, bei c) Quartsextakkord, welches sich ergibt, wenn man die Umkehrungen in ihre bezüglichen Terzenlagen versetzt.

227. Hiernach klingt der Akkord zwar immer ganz gleich, gehört aber jedesmal einer anderen Tonart an?

Ja. Bei a) liegt er leitereigen in Amoll, bei b) in Fmoll, bei c) in Cismoll.

228. Wie vielmal kann der verminderte Septimenakkord enharmonisch verwandelt werden?

Wenn man einen als ersten zählt, noch dreimal, nämlich:

229. Demnach gehört der verminderte Septimenakkord vier verschiedenen Molltonarten an?

Ja. Er hat seinen Sitz stets auf der siebenten Stufe von Moll; bei 1) in Cmoll; bei 2) in Esmoll; bei 3) in Fismoll; bei 4) in Amoll. Daher kann er der Schreibart nach in jeder Molltonart einmal, in allen also zwölfmal, verschieden notirt erscheinen, für das Ohr aber nur dreimal verschieden erklingen, nämlich außer dem Vorstehenden noch:

230. Wie wird der alterirte Septimenakkord auf der zweiten Stufe von Moll enharmonisch verwechselt?

Indem man von der Quinte aus eine neue Terzenlage bildet.

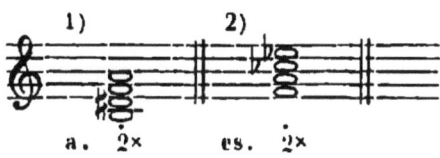

Bei 2) ist der neue Terzenbau dadurch entstanden, daß die

Quinte unter 2) zum Grundtone gemacht worden ist; die Septime gab die neue große Terz ohne Veränderung; der Grundton h mußte aber in ces, und dis in es, also diese beiden Intervalle enharmonisch verwechselt werden. Man sieht, daß dieser Akkord unter 1) auf die zweite Stufe von A moll, unter 2) auf die zweite Stufe von Es moll gehört.

231. Sind alle Umkehrungen dieses Akkordes in Gebrauch?

Wahrscheinlich; wenigstens ist keine wirklich unbrauchbare darunter und sie werden, sollten sie bis jetzt noch nicht alle benutzt sein, künftig doch alle in die Praxis eintreten.

232. Wie wird der alterirte Septimenakkord auf der vierten Stufe von Moll enharmonisch verwechselt?

Indem von der Terz unter 1) aus ein neuer Akkord gebildet, und also der Grundton dis in es verwandelt als Septime hinauf gelegt wird, wie unter 4) zu sehen.

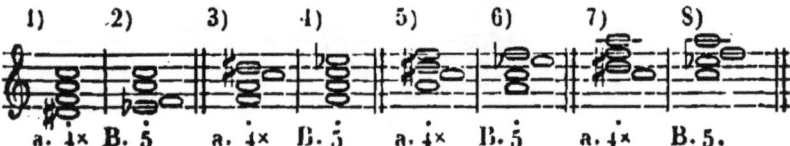

233. Die enharmonische Verwechslung dieses alterirten Nebenseptimenakkordes gibt also, wie 4) zeigt, den gewöhnlichen Dominantseptimenakkord?

So ist es.

234. Kann man dann nicht auch den Dominantseptimenakkord unter die enharmonischen Akkorde zählen?

Allerdings. Die Formel ändert sich dann nur. Man sagt in diesem Fall, die enharmonische Verwechslung des Dominantseptimenakkordes geschieht durch die enharmonische Verwechslung der Septime es in die übermäßige Sexte dis. In gleicher Weise kann man die Formeln aller anderen enharmonischen Akkorde umkehren, wenn man sie anstatt von der ersten, von der zweiten Form des Akkordes abstrahirt.

235. Unter den angeführten alterirten Dreiklängen vermißt man die enharmonische Verwechslung des weichverminderten Dreiklanges. Ist eine solche nicht möglich?

Sie ist möglich, und in einer Gestalt sogar sehr in Gebrauch, nämlich in der bei 3), weshalb

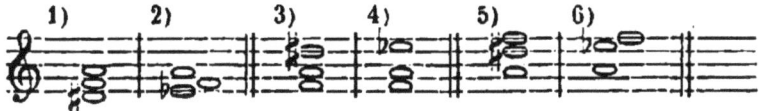

diese auch den besonderen Namen: übermäßiger Sextakkord erhalten hat. Die Vorführung dieser enharmonischen Erscheinung wurde nur deshalb aufgespart, weil dabei eine Eigenthümlichkeit zum Vorschein kommt.

Nimmt man nämlich den unter 1) stehenden weichverminderten Dreiklang als ersten Akkord an, so dehnt sich die enharmonische Verwechslung zu dem Dominantseptimenakkord mit weggelassener Quinte aus. Und geht man von dem Dominantseptimenakkorde in dieser Gestalt aus, so zieht er sich durch die enharmonische Verwechslung zu dem weich verminderten Dreiklange zusammen. Dies hat auch neuere Theoretiker nach dem Vorgange Gottfr. Webers veranlaßt, nicht allein den weichverminderten, sondern auch den hartverminderten Dreiklang. ja auch die beiden alterirten Nebenseptimenakkorde alle von dem alterirten Nonenakkorde auf der zweiten Stufe von Moll herzuleiten, nämlich:

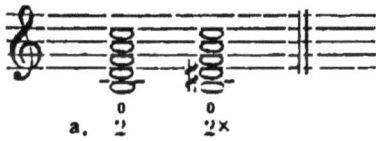

Die Erfahrung wird aber jedem Lehrer der Harmonie gezeigt haben und zeigen, daß diese verwickelte Ableitung sich einzuprägen dem Schüler unendliche Mühe macht, und er sehr lange immer zweifelhaft bei der Erklärung dieser Erscheinungen bleibt, was auch leicht zu begreifen ist, wenn man die Operationen sieht, welche nöthig werden, um alle jene verschiedenen Fälle unter den einen Gesichtspunkt zu bringen, d. h. von einem Akkorde abzuleiten. Es sind nicht weniger als folgende nöthig:

Erstens: wird die Terz des Nonenakkords auf der zweiten Stufe alterirt:

Zweitens: um den alterirten Septimenakkord auf der zweiten Stufe zu gewinnen, muß an dem obigen Nonenakkord die None weggelassen werden.

Drittens: um den alterirten Septimenakkord auf der vierten Stufe zu erklären, muß von dem obigen Nonenakkorde der G r u n d t o n weggedacht werden.

Viertens: für die Ableitung des hartverminderten Dreiklanges, als dreistimmige Gestaltung des Nonenakkordes, werden S e p t i m e und N o n e hinweggedacht.

Fünftens: Um die Abstammung des weichverminderten Dreiklanges zu erklären, muß G r u n d t o n und N o n e hinweggedacht werden.

Man sieht, daß diese Erklärungen nicht allein sehr komplizirt und schwer zu merken sind, sondern daß man diese Dreiklänge und diese Septimenakkorde, die sich als solche zumeist und ganz selbstständig in der Praxis darstellen, nicht als solche erkennen, sondern von einem fünfstimmigen Akkorde herleiten soll, der äußerst selten in den Tonstücken vorkommt. Man soll auch hier, wie bei manchen anderen Harmonieerscheinungen, nach jener Weberschen Lehre sagen: dieser Akkord hat zwar nur drei Töne, zwei übereinander gebaute Terzen, was das wesentliche Kennzeichen jedes Dreiklanges ausmacht, er sieht auch aus und klingt wie ein Dreiklang, es ist aber keiner, vielmehr ein Fünfklang, ein Nonenakkord, von dem nur zwei Töne weggelassen sind und nicht gehört, aber dazu gedacht werden müssen! Und ebenso sind diese Septimenakkorde, obgleich sie wie solche aussehen und klingen, doch keine, sondern Nonenakkorde, wovon nur ein Ton nicht erklingt, aber hinzugedacht werden muß!

236. Dieses Hinzudenken ist ja doch nicht immer zu vermeiden, z. B. bei allen zweistimmigen Akkorden nicht?

Nun, wo es nicht zu vermeiden ist, müssen wir es wol zulassen. Warum aber mit diesen Zwei- und Mehrdeutigkeiten weiter gehen als nöthig ist, und dadurch die Konsequenz des harmonischen Systems noch mehr schwächen, das so noch mangelhaft genug bleibt!

237. Wie kann das Ohr wissen, in welche spezielle Tonart ein enharmonischer Akkord gehört?

Das werden wir in dem folgenden Kapitel erfahren.

Neunundzwanzigstes Kapitel.

Von der Modulation.

238. Was versteht man unter Modulation?

Zuerst die Abwechslung der Akkorde überhaupt, welche in den Tonstücken aufeinander folgen.

In vorstehendem Satze sind alle Akkorde der C dur-Tonleiter eigen. Diese Art von Modulation nennt man leitereigene Modulation.

Wechselt hingegen die Harmoniereihe einer Tonart mit der einer anderen Tonart ab, wie hier z. B.

so wird das: ausweichende Modulation genannt. Die Modulation geht aus C dur nach F dur, und von F dur wieder zurück nach C dur.

Wendet sich die Modulation nicht wieder nach der ersten
Tonart zurück, setzt sich vielmehr in einer anderen fest, so
nennt man das einen eigentlichen Uebergang (aus einer
Tonart in die andere).

239. Gibt es ein sicheres, feststehendes Kennzeichen der ausweichenden Modulation?

Ja.

240. Welches ist das?

Der Eintritt eines, der gegenwärtigen Tonleiter nicht angehörenden Akkordes. Das vorstehende Beispiel A. enthält
lauter Akkorde, die in der C dur-Tonleiter ihren Sitz haben, also
leitereigen sind. Keiner derselben läßt eine Ausweichung empfinden. Anders ist es in den folgenden Fällen.

Der ein Tonstück beginnende Dreiklang wird von dem Ohr
immer als der tonische, die tonische Tonart bestimmende Akkord
empfunden. Folglich gehen alle vier vorstehenden Harmoniefolgen von C dur aus. Nun tritt aber unter 1) der E dur-,
unter 2) der A dur- unter 3) der F moll-, unter 4) der As dur-
Dreiklang ein. Von diesen Akkorden allen gehört keiner mehr
in die C dur-Tonleiter; folglich sind sie alle ausweichende.

**241. So erfahren wir wol auch durch den fremden Akkord, in
welche neue Tonart ausgewichen wird, nämlich hier unter 1)
nach E-, unter 2) nach A-, unter 3) nach F-moll, unter 4) nach
As dur?**

Das ist nicht so gewiß.

242. Warum nicht?

Weil, wie früher gezeigt worden, die allermeisten Akkorde
in mehreren Tonleitern vorhanden sind. So könnten die obigen vier ausweichenden Akkorde wol als neue tonische Dreiklänge von E dur, A dur, F moll und As dur genommen werden, sie könnten aber auch Dreiklänge der fünften Stufe un-

6 *

ter 1) als zu A, unter 2) als zu D u. f. w. gehörend gelten.
Und auch fo genommen, müßten wir noch immer nicht, ob der
ausweichende Dreiklang 1) nach A moll oder A dur, der unter
2) nach D moll oder D dur u. f. w. führte, da der Dreiklang
auf der fünften Stufe in Dur und Moll derselbe bleibt.

243. Hiernach ist man beim Eintritt eines fremden Akkords
immer im Ungewissen, in welche spezielle Tonart man geführt
werde?

Allerdings. Daß eine Ausweichung stattfinde, ist, wenn
man das Kennzeichen nicht leitereigener Akkorde konsequent
festhält, überall sicher für das Ohr; in welche spezielle Ton=
art man aber geführt werde, bleibt bei dem ersten Eintritt
eines fremden Akkordes jederzeit zweifelhaft.

244. Wenn man das Kennzeichen konsequent festhält? Ge=
schicht das nicht immer?

Von der bisherigen Theorie ist es noch nicht geschehen.
Sie will z. B. den alleinigen Eintritt eines fremden Akkor=
des, wenn nach diesem unmittelbar wieder in die vorherrschend
gewesene Tonart zurückmodulirt wird, nicht als einen frem=
den, sondern als einen zur gegenwärtigen Tonart gehörenden,
nur in einem oder gar einigen Intervallen veränderten, alte=
rirten Akkord annehmen, z. B.

Hier soll unter 1) nicht der B dur-Dreiklang, sondern der verminderte Dreiklang, auf der zweiten Stufe von A moll gehört — nein, das wäre doch zu viel von dem Ohr verlangt! — in Gedanken angenommen werden; der unter 3) stehende große H dur-Dreiklang soll ebenfalls eigentlich derselbe verminderte Dreiklang sein; und so fort; der Akkord unter 5) sei der unter 6), der kleine Nonenakkord unter 7) sei der Nebennonenakkord unter 8). Und so stellt die alte Harmonielehre noch eine Menge einzeln eintretender fremder Akkorde vor, die nicht, wie sie gehört und gesehen werden, sondern wie sie in der herrschenden Tonleiter klingen und aussehen würden, gelten sollen.

245. Wird dieser Grundsatz von der alten Theorie dann wenigstens konsequent beibehalten? Wird j e d e r einzeln in eine gegenwärtig herrschende Tonart eintretende fremde Akkord als ein veränderter leitereigener erklärt?

Keineswegs! In dem folgenden Beispiel, welches in einem Hummel'schen Rondo vorkommt,

wird kein Theoretiker den Akkord unter X anders erklären wollen, als er sich dem Auge und dem Ohr darstellt.

246. Aus welchem Grunde soll dann diese sonderbare und unkonsequente Erklärungsweise angenommen werden?

Weil ein einzeln in eine gegenwärtige Tonart eintretender fremder Akkord das Gefühl jener ersten nicht aufhebe, die Empfindung einer Ausweichung nicht hervorbringe, und folglich

als der eben herrschenden angehörig, nur alterirt, empfunden
werde.

247. Ist dem so?

Das kann ich nicht entscheiden, denn ich weiß nicht, wie
Andere hören und empfinden. Ich empfinde eine Ausweichung
gar wohl, wenn auch, namentlich in geschwinden Notengeltungen, sehr flüchtig. So viel ist gewiß, daß kein einziger Musi-
ker den Akkord unter × im folgenden Beispiele

als die erste Umkehrung des verminderten Dreiklanges auf der
zweiten Stufe von A moll hören und empfinden wird.

**248. Wenn der erste fremde Akkord die eintretende Tonart nicht
sicher ankündigt, wann erfährt man, in welche bestimmte Tonart
ausgewichen ist?**

Dies erfährt und empfindet das Ohr durch die Tonschlüsse,
worüber später das Nöthige vorgebracht wird.

In vielen Fällen erfahren wir durch's Auge, durch den
Vorausblick auf die folgenden Akkorde, in welche Tonart der
neu eintretende erste Akkord gehört, und bezeichnen ihn danach.
Wo uns aber auch dieser Vorausblick nichts hilft, — denn ein
sichernder Tonschluß tritt oft erst spät und nach verschiedenen
aufeinander folgenden unbestimmten Modulationen ein —, da
hat es auch nichts auf sich, ob man ihn dieser oder einer anderen Tonart zuschreibt, in dem Akkorde an sich kann man sich
ja nicht irren; wenn er also richtig für das Ohr ausgeführt
wird, ist es am Ende einerlei, ob es nach dieser oder jener
Bezeichnung geschehen ist.

**249. Da die enharmonischen Akkorde oft so vieldeutig sind, wie
z. B. der verminderte Septimenakkord, so wird die Notirung derselben wol besonders zweifelhaft?**

Das kommt auf die Umstände an. Löst er sich in der ersten
gebräuchlichen Weise auf, so kann über seine Bezeichnung kein

Zweifel entstehen. Wo er aber andere Fortschreitungen macht, und nicht leitereigen ist, wählt man eben, wie bei allen mehrdeutigen Akkorden überhaupt, denjenigen, welcher der bisherigen Tonart am nächsten liegt.

Es kommt aber bei den alterirten Akkorden, welche enharmonisch verwechselt werden können, ein anderer Umstand vor, der bisher nicht berücksichtigt worden ist. Man schreibt nämlich manchen alterirten Akkord so, wie er nach seiner Auflösung zu nehmen ist, als einen ausweichenden, während er dem Ohr als ein leitereigener erscheint.

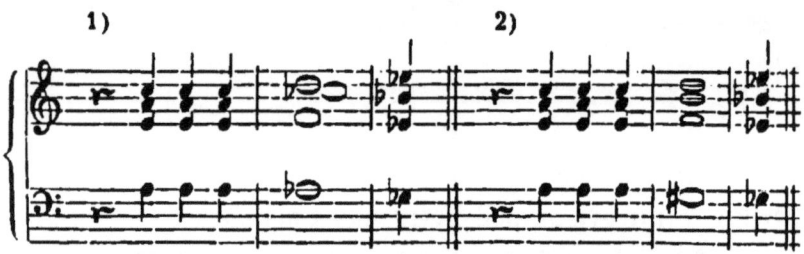

In vorstehendem Beispiele würde die bisherige Theorie wie bei 1) schreiben, weil sie bereits Rücksicht auf die folgende Auflösung der enharmonischen Verwechslung nähme. Für das Ohr ist die Schreibweise aber falsch, denn das Ohr empfindet mit dem Eintritt dieses verminderten Septimenakkordes noch keineswegs eine Ausweichung, einen fremden Akkord, sondern den leitereigenen von A moll, wie bei 2). Deshalb sollte er auch so geschrieben werden. Dagegen wird nun aber freilich die alte Theorie gewaltig zetern, als gegen eine Verletzung der musikalischen Rechtschreibung! — Als ob eine Notirung, die der Empfindung widerspricht, wirklich eine Rechtschreibung wäre!

250. Sind diese Mehrdeutigkeiten nicht ein Nachtheil für die Tonkunst?

Im Gegentheil, sie liefern Mittel zu unerwarteten, überraschenden Wendungen, die in der Musik, wie in der poetischen und prosaischen Darstellung, oft große Wirkungen hervorbringen. Wenn ein Tonstück z. B. längere Zeit in einer Tonart verweilt, und dann ein leitereigener Akkord, plötzlich enharmonisch genommen, in eine entfernte Tonart ausweicht, so kann die unerwartete Wendung auf das angenehmste überraschen.

––––––––––

Dreissigstes Kapitel.

Einwürfe gegen diese Lehre.

251. Ist die hier vorgetragene Lehre wirklich einfacher und konsequenter als die früheren?

Ganz gewiß.

252. Gegen den Punkt wenigstens, daß man alle harmonischen Erscheinungen, die wie Akkord aussehen, auch als Akkord nehmen solle, ließen sich bedeutende Einwendungen machen.

Allerdings, wenn man meinen Vorschlag nicht versteht, oder nicht verstehen will. Ich meine, anstatt: „Diese Gestaltung sieht zwar genau wie ein Akkord aus, ist aber hier nur Wechselnote, oder Durchgang, oder Vorhalt ꝛc." soll man sagen: „Diese Gestaltung ist Akkord, erscheint aber hier in einer Form, welche der Wechselnote oder dem Durchgange ꝛc. ähnlich, keineswegs gleich ist; denn das Kennzeichen der Wechselnoten, des Durchgangs u. s. w. „harmoniefremd", welches alle früheren Harmonielehren als wesentliches Kennzeichen angeben! fehlt ja". Mein System ist also jedenfalls konsequenter als alle anderen, weil es die beiden Hauptmerkmale „harmonieeigen und harmoniefremd" durchaus unterscheidet und auseinander hält, während sie nach den alten Lehren alle Augenblicke ineinander fließen und vermischt werden.

253. Die größere Konsequenz mag zugegeben werden; aber welcher Unsinn kann möglicherweise daraus gefolgert werden?

Zum Beispiel!

254. Auf der ersten Notenzeile steht ein musikalischer Satz, wie er vorkommen kann. Auf der zweiten wäre die Bezeichnung nach dem vereinfachten Systeme gegeben. Die dritte Zeile enthält die gewöhnliche. Welche ist einfacher, die auf der zweiten Zeile nach der neuen oder die auf der dritten Zeile nach der alten Bezeichnungsweise?

Man traute mir also den Unsinn zu, diese Stelle durchaus akkordmäßig zu nehmen!

255. Kann man anders? Was wie Akkord aussieht, soll Akkord sein, sagt die neue Lehre.

Soll an sich, einzeln betrachtet, Akkord sein; und dabei bleibe ich, denn nichtakkordlich ist nur, was zu keinem Akkord

gehört, folglich h a r m o n i e f r e m d ist. Aber daß man alle solche
Erscheinungen in allen Gestalten auch als Akkorde e m p f i n d e t
und als Akkorde b e z e i c h n e n soll, habe ich nicht gesagt. Der
Sinn meines Vorschlags ist:

1) Es kommt nach der alten wie nach der neuen Lehre bei
den Harmonieerscheinungen auf gewisse Umstände an, nach
denen sie unserem Gefühl bald als wirkliche bald nur als scheinbare Akkorde erscheinen. Solche Umstände sind z. B. akzentu-
irte oder unakzentuirte Noten, vor allem aber s c h n e l l e r e s
oder l a n g s a m e r e s Tempo, k ü r z e r e oder l ä n g e r e
N o t e n g e l t u n g e n.
Im erstern Falle nimmt meine Theorie die an sich wirklichen
Akkorde doch als scheinbare Wechselnoten, Durchgänge u. s. w.,
im andern Falle als wirkliche Akkorde an, weil sie sich dem Gefühl in der That bald auf die eine bald auf die andere Weise
darstellen.

2) Daß ich es so, und nicht anders gemeint habe, ist
durch die Analysen in meiner Harmonielehre bewiesen, wo ich
ähnliche Stellen, wie die oben mir entgegengeworfene, gewiß
nicht in solch unsinniger Weise erklärt und bezeichnet habe.

Da man nach der alten wie nach der neuen Theorie, wie
gesagt, nicht selten zu dem S c h e i n greifen muß, so kommt
es nur darauf an, welche Art von Schein vorzuziehen ist. Und
da, meine ich, ist diejenige, welche eine ausnahmslose Konsequenz zuläßt, wie die meinige, schon in dieser Hinsicht besser
und einfacher als die alte, welche letztere unzählige Inkonse-
quenzen, Verwechslungen, Verneinungen der wesentlichen Kennzeichen „harmonieeigen und harmoniefremd" mit sich führt.

Brächte indessen meine Erklärungsweise weiter keinen Vortheil als den hier angegebenen, so hätte ich diese Neuerung
vielleicht vorzuschlagen nicht für nöthig gefunden. Allein e i n
w e i t h ö h e r e r, w e i t w i c h t i g e r e r, f ü r d e n F o r t-
s c h r i t t i m H a r m o n i e g e b r a u c h u n a b s e h b a r e r V o r-
t h e i l e n t s t e h t a u s m e i n e r L e h r e, den meine Tadler
gar nicht zu ahnen scheinen. Und das will ich nun an dem
obigen unsinnig aussehenden Beispiele zeigen, seinen schein-
baren Unsinn in dieser Gestalt durch eine andere Darstellung
desselben beseitigen und in eine sehr sinnige umändern.

Man blicke zurück auf die Einhakung 1 der zweiten Zeile.

Kann ein Tonstück nicht so anfangen? Wenn aber, — sind hier in diesem langsamen Tempo die Noten b im zweiten Takte und gis im vierten Takte Wechselnoten? und liegen diese vier Takte blos auf dem D moll=Akkorde?

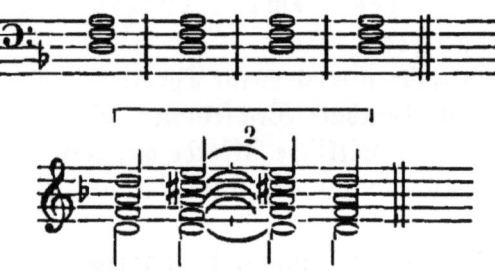

Ist die Akkordfolge unter 2 in dieser Gestalt etwa un= brauchbar? oder ist der hier erscheinende Nonenakkord nur ein Scheinakkord? oder sind die Töne der beiden oberen Stimmen e - cis, nur Wechselnoten? und in Folge davon die eigent= liche Harmonie auch nur?:

Weiter.

Ist die vorstehende Harmoniefolge nicht anzuhören, weil der Nebenseptimenakkord zu dem verminderten Dreiklang fort= schreitet?

Sind das nicht lauter Akkorde? sind etwa d und h in der Oberstimme nur Wechselnoten?

Weiter, Einhakung 6 und 7.

Ferner: Einhakung 8. Daß die drei letzten Achtel auf
den D moll=Dreiklang basirt sein sollen, ist wol nur Scherz!
Die Grundlage wäre der A dur=Dreiklang und Dominantsepti=
menakkord und die Harmonie auf dem zweiten Achtel wären
dreifache Durchgangsnoten oder ein Scheinakkord. In fol=
gender Darstellung

sind es wirkliche Akkorde.

256. Aber die Quinten?

Erlaubt auch die alte Theorie, weil es keine reinen, sondern
verminderte sind. Wäre die Folge aber auch in dieser Gestalt
verboten, in der Sextenlage kommt sie häufig genug vor,
nämlich:

Einhakung 9

Ich brauche wol zu allen diesen Beispielen die Frage nicht zu
wiederholen, ob sie als Wechselnoten oder als Akkorde wirken!

Es bleibt die Folge unter Einhakung 5 übrig; diese sieht
auch in langsamem Tempo gefährlich aus. Nun, so mag man
das f–a unter a) als doppelte Wechselnote, unter b) als drei=
fachen Vorhalt erklären. Unter c) ist es ein vollständiger und
selbständig fortschreitender Nonenakkord.

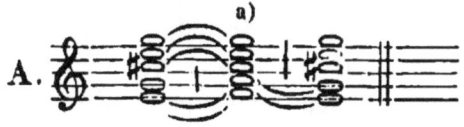

257. Die Folge bei A: klingt aber doch sehr herbe?

Mag sein! Gewiß aber nicht herber als die Beethoven'sche Stelle in der Sinfonia eroica.

Oder die Akkordfolge von Beethoven:

oder die von Haydn:

258. Und so wäre denn die Meinung Ihres Vorschlags in der vereinfachten Harmonielehre?

Daß, wenn der Akkord als Wechselnote, Durchgang, Vorhalt, Orgelpunkt u. s. w. wirkt, nach den Begriffen der alten Theorie, an die wir uns gewöhnt, man sie als solche betrachten und bezeichnen möge; mein Vorschlag, alle solche Erscheinungen, wenn sie wie Akkorde aussehen, auch an sich als wirkliche Akkorde zu nehmen, wird jener alten Annahme nichts schaden, wird Niemand zur Verkennung der gebräuchlichen und gewohnten Ansicht verführen.

259. Und der große Vortheil, der dann in der neuen Lehre liegt?

Ist der: Mit der alten Lehre „Vorbereitung", „Auflösung", „Scheinakkord" u. s. w. **ist die Welt der Harmonieverbindungen für Alle vernagelt, welche mit blindem Glauben an diesen Dogmen hängen.**

Indem man sich aber gewöhnt, alle Erscheinungen, welche terzenweise in unsere drei Akkordgattungen zu bringen sind, als wirkliche Akkorde zu betrachten, selbst in Stellen, die so unsinnig aussehen, wie das oben gewählte Beispiel, **entdeckt man, daß hinter den Schranken, welche meine Lehre niederreißt, ein unabsehbares Reich neuer, bisher nicht geahnter Harmonieverbindungen liegt.**

Und daß schon die früheren Meister die starren Dogmen der alten Harmonielehre nicht sonderlich geachtet haben, beweisen ja die vorstehenden Beispiele von Haydn und Beethoven! die ja gottesläfterliche Ueberschreitungen der alten heiligen Gesetze sind! Wie viele ähnliche Kühnheiten wären von Bach, Mozart und neueren Meistern noch zu bringen!

II. Abtheilung.
Von den musikalischen Formen.

Einleitung.

260. Was versteht man unter musikalischer Form?

Im Allgemeinen den Umfang eines Tonstückes, nach seiner längern oder kürzern Zeitdauer. Sodann den technischen Organismus des Tonstückes, und endlich, ästhetisch betrachtet: die Art der Darstellung einer künstlerischen Idee.

261. Wie sind die musikalischen Formen entstanden? Haben die Meister sie nach Gutdünken willkürlich gebildet?

Nein. Die Urelemente derselben hat der Volksgeist mit sicherem Instinkt aufgefunden und im Volksliede und Tanz ausgeprägt.

262. Wie heißen diese Urelemente?

Motiv, Abschnitt, Satz, Periode.

Zweiunddreissigstes Kapitel.

Von dem einfachen und zusammengesetzten Motiv und dem Motivgliede.

263. Was ist ein Motiv?

Der Figureninhalt eines Taktes, z. B.

264. Was ist ein einfaches Motiv?

Das den Takt nur mit einer, der bezüglich größten Note wie bei a) b) c) ausfüllt.

265. Was ist ein zusammengesetztes Motiv?

Jedes, das zwei oder mehr Noten hat, wie bei d) e) und f) zu sehen.

266. Was ist ein Motivglied?

Ein Theil nur des Motivs, z. B.

Bei 1). 2), 3) ist das zusammengesetzte Motiv unter d) in seine einzelnen Theile zerlegt, desgleichen bei 4), 5), 6) das unter e).

267. Müssen die Motive immer den ganzen Takt ausfüllen?

Nein, auch die Pausen werden zu dem Motiv gezählt, z. B.

268. Liegen die Motive stets streng innerhalb desselben Taktes?

Nein, sie fallen öfters auch in die Hälften zweier Takte, der Anfang in die zweite Hälfte des ersten, der Schluß in die erste Hälfte des zweiten Taktes, welches meistentheils bei Tonstücken geschieht, die mit Auftakt beginnen, wie in nachstehendem Beispiel die Einhakung zeigt.

269. Kommen noch andere Raumverhältnisse bei den Motiven vor?

Zuweilen. So z. B. ist die Abtheilung der Motive in dem folgenden Andante von Haydn,

obgleich das erste im vollen Takte anfängt, doch nicht so durch-
geführt, sondern die anderen wie mit einer Auftaktsnote behandelt.

270. Wie findet man jedesmal die richtige Abtheilungsweise in den Tonstücken?

Das Gefühl gibt sie in der Regel deutlich an. Wo sich jedoch mehrere Auslegungen anbieten, ist es einerlei, welche man
wählt, denn man hat auf diese oder jene Weise doch eine bestimmte Formel für die Erscheinung.

Dreiunddreissigstes Kapitel.
Von dem Abschnitte.

271. Was ist ein Abschnitt?

Eine Verbindung von zwei Motiven, also ein zweitaktiges
Tonbildchen, z. B.

Andante aus Beethovens A dur-Symphonie:

272. Sind die Abschnitte ausnahmslos nur zweitaktig?

Nein; es kommen auch welche aus drei Motiven gebildete,
zu drei Takten erweiterte vor, z. B.

Vierunddreissigstes Kapitel.

Von dem Satz.

273. Was ist ein Satz?

Ein aus vier Motiven oder zwei Abschnitten zusammengesetztes Tonbildchen, z. B.

274. Kann der Satz auch erweitert werden?

Ja; man kann ihn durch ein fünftes Motiv zu fünf Takten
verlängern, z. B.

Man sieht, daß die Erweiterung durch einen um ein Motiv
vermehrten, also erweiterten Abschnitt bewirkt worden ist.

––––––––

Fünfunddreissigstes Kapitel.

Von der einfachen Periode.

275. Was ist eine einfache Periode?

Ein Tonbildchen, das aus acht Motiven, oder vier Abschnitten, oder zwei Sätzen gebildet ist, z. B.

276. Besteht jede Periode aus acht Takten?

Nein; es gibt zu sieben und sechs Takten verengerte, z. B. eine von der ersten Art.

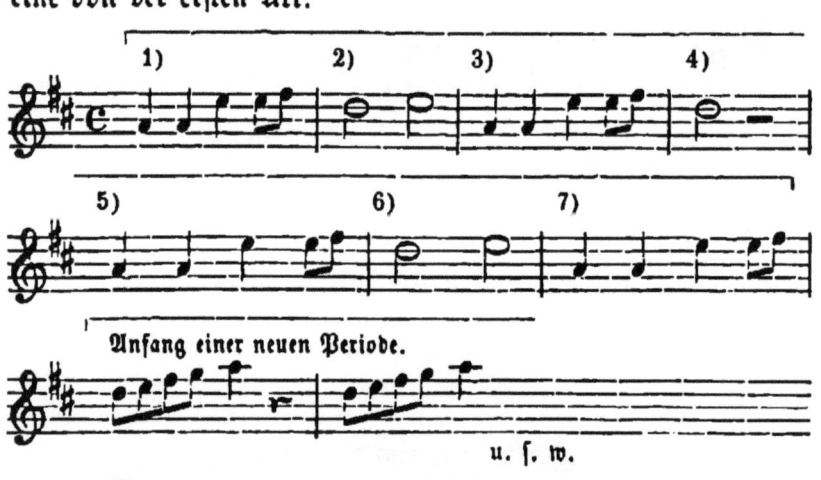

277. Woher weiß man, daß diese Periode mit dem siebenten Takte zu Ende ist, und mit dem folgenden achten Takte eine neue beginnt?

Das Gefühl und der Zusammenhang mit anderen Perioden lehren uns das, was sich später deutlicher ergeben wird. Hier folgt noch eine zu sechs Takten verengerte Periode.

7*

Diese ist aus drei zweitaktigen Abschnitten zusammengesetzt. Die folgende

gibt sich dem Gefühl sogleich als eine aus zwei erweiterten, dreitaktigen Abschnitten bestehende kund.

278. **Gibt es auch erweiterte einfache Perioden?**

Ja; man findet deren von neun bis zu dreizehn Takten verlängerte. Es sei von jeder Art hier ein Beispiel gegeben.

Neuntaktige Periode.

Zehntaktige Periode.

Elftaktige Periode.

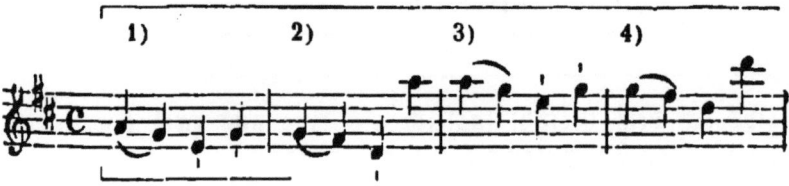

Zwölftaktige Periode.

Dreizehntaktige Periode.

u. f. w.

279. Welches sind die Mittel der Verlängerung der achttaktigen Periode?

Das nächste, einfachste ist die Wiederholung eines Motives am Schlusse, wie an der neuntaktigen zu sehen, oder eines Abschnitts, wie das Ende der zehntaktigen zeigt; oder eines Satzes, wozu die elf= und zwölftaktige Periode Beispiele geben. Sonst kann die Wiederholung auch an anderen Orten geschehen, wie man denn z. B. die Erweiterung der dreizehntaktigen Periode verschiedenen Taktwiederholungen zuschreiben kann, z. B. ebensowol der Wiederholung des zwölften im dreizehnten, als auch der Wiederholung des siebenten Taktes im achten u. f. w.

280. Könnten nicht manche der vorstehenden erweiterten Perioden auch noch anders erklärt werden? Sie scheinen, einige wenigstens, mehrdeutig zu sein?

Dies könnte allerdings geschehen, besonders, wenn man bemerkt, daß in den Tonstücken zuweilen nicht allein ein Satz selbständig, für sich, gleich einer Periode behandelt erscheint, wie z. B. folgender

Anfang einer neuen Periode.

sondern daß auch ein um einen Takt verlängerter Abschnitt selbständig auftreten kann, wie z. B.

Aehnlich wird wohl auch einmal ein einfacher Abschnitt wie hier

oder gar nur ein Motiv behandelt, wie hier zu sehen.

Sechsunddreissigstes Kapitel.

Von der Umbildung der Motive.

281. Was versteht man darunter?

Gewisse Veränderungen, welche mit dem Motive vorgenommen werden können, ohne daß es für den Hörer seine Erkennbarkeit, seine Abstammung von dem Urmotive einbüßt. In dem Haydn'schen Finale, wovon bei A. (S. 99) die Anfangsperiode zu sehen, erscheinen folgende Veränderungen des ersten Motivs.

Urmotiv.

Veränderungen, Umwandlungen desselben.

282. Diese Veränderungen sind freilich nicht zu verkennen, denn sie sind ja alle nur auf andere Tonstufen versetzt?

Allerdings; darum wollen wir sie als einfache Umbildungen bezeichnen, weil sich nur ein Merkmal der Veränderung daran kundgibt, die Versetzung. Man könnte zwar streng genommen zwei Unterschiede angeben, nämlich leitereigene und ausweichend modulirende Versetzung; Motiv 1 und 6 gehörten dann, isolirt wie hier betrachtet, unter die erstere, die anderen unter die zweite Art. Aber wir können diesen Unterschied als nicht sehr wesentlich bei Seite lassen, um die Merkmale nicht unnöthig zu vermehren, da es noch eine Menge sehr wesentlicher gibt.

283. Also gibt es Umbildungen mit mehrfachen Merkmalen?

Gar viele. Die folgenden z. B.

sind zweifach verändert; sie enthalten von dem Urmotiv nur eine Hälfte, hier die erste, welche in der zweiten Hälfte des Taktes mit einem neuen Motivglied verbunden wird.

284. Hiernach kann die Umbildung schon mit Motivgliedern geschehen?

Allerdings, und zwar auf die mannigfaltigste Weise, und mit großem Gewinn für die Gestaltung ganzer Tonstücke, wie sich weiterhin enthüllen wird.

285. Gibt es mehr als zweifache Umbildungsmittel?

Es gibt drei-, vier-, fünf- und noch mehrfache Veränderungsweisen, die alle aufzuführen zu viel Raum einnehmen würde. Einige wollen wir noch zeigen; sie werden dem Leser Auge und Ohr auch für die Wahrnehmung der hier übergangenen schärfen.

Die Umbildung unter 1 ist dreifach; das Urmotiv ist nämlich versetzt, umgekehrt (in die Gegenbewegung gebracht) und verengert.

286. Was heißt verengert?

Wir nennen das Urmotiv verengert, wenn Intervalle desselben näher aneinander gelegt sind, als in der ursprünglichen Gestalt. In dieser beträgt der Schritt von dem zweiten Viertel zu der halben Taktnote eine Terz; und müßte es, wenn treu in der Umkehrung dargestellt, in folgender Weise erscheinen:

Oben bei 1 ist aber, aus diesem Terzenein engerer, ein Sekundenschritt gemacht worden.

Ebenso zeigen die Motive 2 und 3 dreifache Veränderungsmerkmale, obwohl anderer Art, nämlich erstens Versetzung auf andere Tonstufen; zweitens Unvollständigkeit, indem vom Urmotiv nur das erste Motivglied genommen und dieses aber drittens in der zweiten Hälfte des Taktes eine Stufe höher wiederholt wird.

Nr. 4 und 5 sind ebenfalls dreifach umgebildet, aber wieder in anderer Weise, indem außer der Versetzung, und der Benutzung des ersten Motivgliedes in der zweiten Hälfte des Taktes, ein neues Motivglied damit verbunden ist.

Hier, bei E, 1 und 2, sind vierfache Umbildungsmittel zu bemerken, denn das Urmotiv ist: a) versetzt; b) verengert — der ursprüngliche große Sekundenschritt ist in einen kleinen verwandelt —, c) unvollständig — denn nur das erste Motivglied ist benutzt —, und d) wieder vollständig gemacht durch Wiederholung dieses ersten Motivglieds.

Das folgende

zeigt eine fünffache Veränderung: a) versetzt; b) verengert; c) unvollständig; d) mit wiederholtem Motivglied; e) aber dasselbe erweitert, statt des Sekundenschrittes ein Terzenschritt.

287. **Können die Motive nicht auch in diesem Sinne erweitert werden?**

Ja, auf die mannigfaltigste Weise. Z. B.

Bei 1 ist der ursprüngliche Terzenschritt in einen Quarten=, bei 2 in einen Quinten=, bei 3 in einen Sextenschritt umgewandelt. Unter 4 ist der Sekundenschritt des ersten Motivgliedes in einen Terzen=, unter 5 in einen Quartenschritt gebracht; bei 6 sind beide Intervallschritte, der erste zu einem Quarten=, der zweite zu einem Quintenschritt erweitert.

288. **Dies sind nur tonische Umbildungsmittel; gibt es nicht auch rhythmische?**

Nicht alle bisher vorgeführten Veränderungen sind blos

tonische; es sind auch darunter schon manche rhythmische mit
enthalten, wie z. B. außer anderen die bei C, D, E und F
stehenden. Denn in allen diesen ist der Rhythmus des Urmotivs
♪ ♪ 𝅗 theils in ♪ ♪ ♪ ♪, theils wie bei D in ♪ ♪ 𝄿 ♪ ver=
wandelt worden.

Freiere rhythmische Umwandlungen auf vielerlei Weise
liefert vor allen die Variation, wie z. B.

**289. Können die Umbildungen nicht so weit getrieben werden,
daß sie sehr schwer oder gar nicht mehr zu erkennen sind?**

Dieser Fall kommt auch vor. Die folgende Umbildung in
dem Haydn'schen Finale, welche oben in der dreizehntaktigen
Periode (S. 102—103) steht, ist

isolirt, wie hier betrachtet, schwerlich als von dem ersten Motiv=
gliede des ersten Motivs abstammend zu erkennen.

290. Dann ist ihr Gebrauch wol auch zu verwerfen?

Nicht unbedingt. Denn erstens müssen, ja sollen nicht alle
Gedanken eines Tonstücks, auch nur einer Periode, Motivumbil=
dungen sein; wenn sie daher nicht als solche erkannt werden,
mögen sie für neue gelten; zweitens führen sie doch, wenn auch
dunkel, das Gefühl einer Aehnlichkeit, einer rhythmischen
wenigstens, mit sich, wie z. B. die der Erweiterung des engen,
und drittens kann ihre Erkennbarkeit deutlicher werden, wenn
die unmittelbar vorhergehenden Umwandlungen deutlicher ge=
staltet sind, wie in oben genannter Periode, z. B.

291. Sind hiermit alle Umbildungsmittel erschöpft?

Nein. Man kann die Motive auch der Geltung der Noten nach vergrößern und verkleinern.

292. Und jedes neue Mittel ist dann auch wol mit den andern zugleich zu verbinden?

Ja.

Bei a ist der Vergrößerung noch die Umkehrung, bei b die Verkleinerung hinzugefügt.

293. Durch die Vergrößerung wird aber ein Motiv zu einem Abschnitt gemacht?

Ja; und durch die Verkleinerung c entsteht aus einem vollständigen Motiv nur ein Motivglied, das man durch Wiederholung oder durch neue Zuthat erst zu einem Motiv vervollständigen muß, wie die Einhakungen zeigen; hierdurch entstehen neue unberechenbare und unschätzbare Vortheile für die Gestaltung ganzer Tonstücke, wie sich später zeigen wird.

Siebenunddreissigstes Kapitel.

Von dem Modell und der Sequenz.

294. Was ist ein Modell?

Das Motiv bei seinem ersten Auftritt. In der Anfangsperiode des Haydn'schen Finale z. B. des ersten.

295. Inwiefern ist es Modell?

Insofern es das Vorbild zu spätern in der Periode vorkommenden Motiven abgibt, wie gleich das zweite in der obigen

Periode:  Denn dieſes iſt eine Nachbil=
dung des erſten, nur eine Stufe niedriger.

296. Was iſt eine Sequenz?

Wir nennen ſo di··· ···bildungen der Urmotive, mögen
es einfache, ganz tre··· oder zuſammengeſetzte Nachbildungen
des Urmotivs ſein.

Urmotiv · treue Nachbildung · einfache Umwandlung · mehrfache, zuſammen-geſetzte Nachbildung

Alle ſind Sequenzen des Anfangsmotivs.

Achtunddreiſſigſtes Kapitel.

Von der thematiſchen Arbeit innerhalb einer Periode.

297. Was iſt unter thematiſcher Arbeit zu verſtehen?

Im Allgemeinen eben die beſprochenen Umwandlungen
eines Urgedankens, eines Thema.

298. Und thematiſche Arbeit innerhalb einer Periode?

Daſſelbe in dem engeren Kreiſe einer Periode erſt betrachtet.
Wenn wir nämlich die bisher gezeigten Perioden, von der acht=
taktigen A (S. 99) an, alle betrachten, ſo wird keine ein=
zige darunter lauter neue, von den andern ganz verſchiedene
Motive enthalten, in jeder ſind mehr oder weniger davon auf
die drei angegebenen Weiſen wiederholt, wiederholt näm=
lich entweder ganz treu, oder einfach oder mehrfach verändert;
es ſind Sequenzen, Folgen vorhergehender. In der bereits er=
wähnten Periode A (S. 99) enthält der erſte Takt, wie natür=
lich, ein neues Motiv; aber ſchon im zweiten Takt erſcheint eine
Sequenz deſſelben in einfacher Umwandlung, in derſelben toni=
ſchen und rhythmiſchen Geſtalt, nur eine Stufe tiefer verſetzt.
Der dritte und vierte Takt haben wieder neue Figuren, neue
Motive, der ganze zweite Satz aber zeigt nichts Neues mehr, er

ist eine genaue Wiederholung des ersten. Wirklich neue, von einander verschiedene Motive besitzt diese Periode demnach nur drei, das im ersten, dritten und vierten Takte.

Insofern nun diese die Modelle zu den folgenden zunächst in dieser Periode erscheinenden Figuren abgeben, können wir sie nach Analogie des Ausdrucks Thema, welches wir in ausgedehnterem Sinne späterhin anzuwenden haben, schon Thema's kleinster Art nennen, und die daraus entwickelten Sequenzen oder Wiederholungen nennen wir deshalb auch schon „thematische Arbeit" im engern Sinn, d. h. thematische Arbeit mit Motiven innerhalb einer Periode.

299. Kommen in jeder Periode Sequenzen vor?

In jeder, ohne alle Ausnahme. Keine einzige hat lauter neue Motive, in jeder erscheinen mehr oder weniger Sequenzen.

300. Ist die Zahl derselben in den Perioden verschieden?

Ja. Die Periode kann aus der fortgesetzten Sequenz nur eines Motivgliedes gebildet werden, sodann aus zwei, drei, vier, fünf, sechs und sieben Motiven. Eine Wiederholung, eine Sequenz also ist sicher in jeder vorhanden. Eine aus acht, also lauter neuen, durchaus von einander verschiedenen Motiven gebildete wird man nicht finden.

301. Aus einem bloßen Motivgliede wäre eine ganze Periode herauszuspinnen?

Ja. Die erste Periode der A dur-Sonate von Beethoven liefert ein Beispiel dazu. Die beiden ersten eingehakten Achtel enthalten das Modell.

Allegro.

In den ersten vier Takten ist das Motivglied blos auf andere Tonstufen versetzt; in den vier letzten Takten erscheint es versetzt und umgekehrt. Hier folgt eine Periode von Hummel, deren Modell nur aus einem Motiv besteht:

Die folgende Periode eines Scherzo von Beethoven ist aus zwei Urmotiven gesponnen.

In der folgenden Periode von Haydn sind **vier** verschiedene Motive vorhanden.

Die Umbildungen der Urmotive 1 und 2 sind in dieser Periode freier als die meisten früher vorgeführten gebildet, aber Niemand wird verkennen, daß das dritte und fünfte Motiv von dem ersten, das vierte und sechste von dem zweiten abstammen. Der siebente und achte Takt enthalten neue Motive.

Diese Beispiele werden genügen, um alle Arten von Periodengestaltungen hinsichtlich der Modelle und Sequenzen erkennen zu können.

Neunundbreissigstes Kapitel.

Von der zusammengesetzten Periode oder Periodengruppe, und der thematischen Arbeit im weiteren Sinne.

302. Was versteht man unter einer zusammengesetzten Periode oder Periodengruppe?

Die Verbindung zweier oder mehrer einfachen Perioden, z. B.

Hier ist zu bemerken, daß die erste Periode sechs verschiedene Motive hat, und die Vervollständigung durch versetzte Wiederholung des vierten Taktes im fünften und sechsten geschieht; daß dagegen in der zweiten Periode gar kein neues Motiv auftritt, sondern diese ganze Periode nur die freie Wiederholung der ersten ist.

303. In dieser Beziehung könnte man die ganze erste Periode als Modell der zweiten betrachten?

Allerdings. Und solche Periodengruppen, die aus der einmaligen, zuweilen auch zweimaligen Wiederholung der ersten Periode bestehen, kommen sehr häufig in der modernen Musik vor.

304. Aus welchem Grunde bildet man Periodengruppen auf diese Weise?

Weil sie einen musikalischen Gedanken länger fixiren, dadurch dem Hörer eindringlicher vorstellen und fester in's Gedächtniß prägen.

Vierzigstes Kapitel.

Wie aus einer Periodengruppe schon wirklich kleine Tonstücke gebildet werden können.

305. Werden die nicht zu kurz, unbedeutend und unwirksam?

Es kommt darauf an, wie sie behandelt werden. Sind sie aus vielen verschiedenen Motiven zusammengesetzt, so fehlt ihnen in der Instrumentalmusik wenigstens eine gewisse Gewichtigkeit und Einprägungskraft. Diese gewinnen sie aber, wenn sie aus nur wenigen Motiven konstruirt werden. Ein artiges Beispiel dazu ist in Rob. Schumann's Kinderscenen für Klavier zu sehen.

306. Diese Gruppe besteht aber nicht aus zwei, sondern aus drei Perioden?

Es giebt Gruppen, die noch mehr Perioden enthalten, vier, fünf, u. s. w.

307. Und wenn man die Klauseln bedenkt, und damit die Wieder=
holung ganzer Perioden, so besteht dieses kleine Tonstück eigent=
lich aus s e ch s einfachen Perioden?

Allerdings, und eben darum habe ich es gewählt, indem
daran zu ersehen ist, wie weit verhältnißmäßig ein beschränkter
Motivstoff, ein kleines Modell auf interessante Weise ausge=
sponnen werden kann. Das ganze Stücklein ist aus nicht mehr
als zwei Motiven, oder einem Abschnitt, durch thematische Ar=
beit gebildet, nämlich durch:

308. Dazu gehört nun freilich keine große Erfindungskraft, da
ja das allermeiste nur Wiederholung und Umbildung ist, die doch
gelernt werden kann?

Gelernt kann sie allerdings werden, was nämlich ihre Tech=
nik betrifft. Wenn aber der Geist, der Gehalt, der Gefühls=
ausdruck fehlt, so hilft die erlernte Technik nicht viel. Jener
Ausdruck aber läßt sich nicht lernen, der muß dem Künstler feu=
rig in's Gemüth und die Einbildungskraft gelegt worden sein.
Doch wird er auch wieder die innigsten oder gewaltigsten Regun=
gen seiner Seele ohne vollständige klare Kenntniß und fleißige
Uebung der technischen Formgesetze niemals zum wirksamern
Ausdruck bringen können.

Einundvierzigstes Kapitel.

Von der Motivarbeit in der Mehrstimmigkeit.

309. Findet sich die thematische Motivarbeit auch in den anderen
Stimmen der Tonstücke?

Ja, obwohl mit verschiedenen Modifikationen, freieren
Anwendungen und dgl.

310. Wie ist das zu verstehen?

Um es klar zu machen, wollen wir uns zunächst auf die
Vierstimmigkeit, auf das Streichquartett beschränken, weil
sie für den gegenwärtigen Kreis unserer Forschungen genügt, da

fie uns alle dazu gehörigen homophonen wie polyphonen Phä=
nomene vollständig liefert.

311. Was heißen homophone Phänomene hier?

Wir meinen damit solche Tongestaltungen, in welchen nur
eine Stimme eine ausgebildete Melodie vorträgt, während die
anderen zur bloßen Unterstützung und Ausschmückung derselben
dienen, das eigentliche Akkompagnement, die Begleitung, ab=
geben.

312. Wie stellt sich bei der Homophonie die Motivarbeit in den begleitenden Stimmen heraus?

Auf unendlich mannigfaltige Weise, die wir indessen unter
einige Hauptgesichtspunkte zu bringen suchen wollen.

Im Allgemeinen ist jede Stimme hinsichtlich der Motive
nach denselben Gesetzen geformt, welche wir an den ausgebil=
deten Melodien erkannt haben; d. h. sie besteht aus Urmoti=
ven (Modellen) und Wiederholungen oder Umbildungen (Se=
quenzen) derselben, nur daß die Motive in den begleitenden
Stimmen nicht so melodisch bedeutend gebildet sind als in den
Hauptstimmen.

313. Enthalten die begleitenden Stimmen unter einander alle dieselben Motive?

Es kann so sein, es können aber die Stimmen auch ver=
schiedene Motive vortragen. Hier sind soviel Verschiedenheiten
und Mischungen möglich, als Begleitungsstimmen zu einer
Hauptstimme vorhanden sind. Wir können auch nur Andeu=
tungen geben.

Anfang des Quintetts für Klarinette rc. von C. M. v.
Weber.

Violine I
und II.

Viola.
Cello.

314. Hier ist ja keine Verschiedenheit der Motive in den begleitenden Stimmen; alle haben die gleichen Motive mit der Melodie?

Ganz recht. Diese Gestaltungsweise ist die einfachste mit vier Stimmen. Die Formel dazu heißt: alle vier Stimmen haben rhythmisch gleiche Motive.

315. Kommen solche Perioden öfters in den Tonwerken vor?

Es gibt vielleicht kein einziges, worin nicht, wenn auch nicht immer ganze Perioden, doch einzelne Theile derselben in dieser Weise gestaltet wären. In meiner bei Breitkopf u. Härtel erschienenen Kompositionslehre, (Band I zweite Auflage), habe ich von S. 58 bis 62 eine Anzahl nach dieser Formel gebildete Perioden von verschiedenen Meistern zusammengestellt, woran sich zugleich erkennen läßt, daß die Bildungen über eine und dieselbe Maxime schon schlechthin, unerschöpflich sind.

316. Wie sind die anderen Bildungen hinsichtlich der Motivarbeit in vier Stimmen beschaffen?

Ich will sie der Raumersparniß wegen nur an einzelnen Stellen zeigen. Sie kommen so, aber auch in ganzen Perioden fortgeführt vor. Auf folgenden Formeln beruhen die darunter stehenden Bildungen in Noten.

Außer der obigen, welche als 1) zählt, erscheinen also noch:

2) Drei Stimmen haben gleiche, die vierte verschiedene Motive. Es sei dabei ein und für allemal bemerkt, daß die Vertheilung der verschiedenen Motive in jeder Stimme, der Ober- und Unterstimme, oder den beiden dazwischen liegenden Mittelstimmen vorkommen kann.

Moderato.

Im vorstehenden Beispiel liegt die Melodie in der Ober=
stimme, die gleichen Motive der Begleitung in der zweiten,
dritten und vierten Stimme.

Das folgende Beispiel zeigt die Melodie in der dritten
Stimme, die gleichen Motive in den anderen Stimmen.

3) Zwei und zwei Stimmen haben gleiche Motive.

4) Zwei Stimmen haben verschiedene und zwei gleiche
Motive.

5) Jede Stimme hat von der anderen verschiedene Motive.

317. Wie steht es mit dem Verhältniß der Motive in der Polyphonie?

Das Kennzeichen des polyphonen Motivs ist, wie schon früher bemerkt worden: ausgebildete Melodik desselben.

318. Worin besteht die polyphon und homophon gemischte Setzweise?

Wenn einige Stimmen melodisch gleich bedeutende, andere nur einfach begleitende Motive enthalten.

In vorstehendem Beispiele haben zwei Stimmen — die oberste und unterste — melodisch ausgebildete, die beiden Mittelstimmen nur einfach begleitende Motive. Es ist also hier eine homophon-polyphon gemischte Setzweise vorhanden.

319. Und die durchaus polyphone Setzweise?

Entsteht, wenn jede Stimme eine selbständige, ausgebildete Melodie darstellt.

Man wird immer mehr einſehen, wie verſchieden mit der Kenntniß dieſer Formeln ein und derſelbe Grundgedanke ſchon geſtaltet werden kann.

Zweiundvierzigſtes Kapitel.

Fortſetzung der Lehre von der thematiſchen Arbeit im weiteren Sinne.

320. Worin unterſcheidet ſich die thematiſche Arbeit im engeren von der im weiteren Sinn?

Jene richtet ihren Blick nur auf den Inhalt einer Periode, dieſe auf die Wiedererſcheinung der Motive in allen Perioden des Tonſtückes.

321. Was verſteht man eigentlich unter Thema?

Den Hauptgedanken, welcher dem ganzen Tonſtück zu Grunde liegt, am öfterſten und ausführlichſten darin wiederkehrt, und in der Regel am Anfang deſſelben auftritt. Aus den einzelnen Theilen des Thema werden dann mehr oder weniger theils von der Größe des Tonſtücks, theils auch von dem Talente des Komponiſten abhängende neue Perioden gebildet, die zwar ihren Urſprung aus dem Thema erkennen laſſen, zugleich aber auch mehr oder weniger verſchieden von jenem ſich darſtellen.

322. Was ſind Nebengedanken?

Solche, deren Motive nicht in dem Thema vorhanden ſind, die alſo neue Motive enthalten.

Dreiundvierzigſtes Kapitel.

Von der Nachahmung.

323. Was iſt eine Nachahmung?

Die Wiederholung oder Sequenz eines Modells in einer andern Stimme, während die, welche das Modell aufſtellte, ihre Melodie fortſetzt. Was die fortgeführte Stimme zu der eintretenden Nachahmung hören läßt, heißt: Gegenſatz.

324. Inwiefern ist die Nachahmung ein thematisches Mittel?

Insofern sie Wiederholung oder Umwandlung eines unmittelbar vorhergehenden Motivs oder Abschnitts u. s. w. ist.

325. Worin besteht ihr höheres thematisches Interesse?

[•] Darin, daß die Nachahmung nicht in derselben Stimme erscheint, was nur Wiederholung ist, sondern in einer andern Stimme auftritt.

326. Da die Nachahmung die Wiederholung desselben Gedankens, wenn auch in einer anderen Stimme ist, worin besteht dann ihre Umwandlung?

In gar verschiedenen Dingen.

1) Kann sie verschieden sein hinsichtlich des Eintritts des Intervalls.

bei a) geschieht die Nachahmung in der Obersekunde, bei b) in der Oberquarte.

327. Kann die Nachahmung auf allen diatonischen Intervallen der Tonleiter eintreten?

Nicht allein auf allen diatonischen, sondern auch auf allen chromatischen, z. B.

Hier tritt die Nachahmung in der kleinen Oberterz ein.

328. Demnach sind so viele Umwandlungen der Nachahmung hinsichtlich des Eintritts derselben möglich, als es verschiedene Intervalle gibt?

Ja.

329. Oben ist die Rede von Obersekunde, Oberterz u. s. w. Warum wird diese Nebenbestimmung beigesetzt?

Weil man die Nachahmung auch unter das Modell bringen kann, und dann „unter" dazu setzt.

Hier tritt die Nachahmung in der Unterserte ein.

330. **Welche Verschiedenheiten gibt es weiter in der Nach=ahmung?**

Wir können sie folgendermaßen weiter formuliren:

2) Verschiedenheit derselben hinsichtlich ihrer Länge. Das Modell kann ein Motivglied, ein Motiv, ein Abschnitt, ein Satz, ja eine ganze Periode sein. Nachahmungen von Mo=tiven zeigen die vorstehenden Beispiele, die Nachahmung eines Motivgliedes ist bei a), die eines Abschnittes bei b) vorgestellt.

Hiernach wird man Nachahmungen von Sätzen und Perio=den leicht erkennen können.

3) Verschiedenheiten der Größe (Geltungen der Noten) nach.

a. In der Vergrößerung:

Hier ist das Modell mit noch einmal so großen Noten nach=geahmt, wodurch die Sequenz sich zu einem Abschnitt ausge=dehnt hat.

b. In der Verkleinerung.

u. s. w.

Hier ist die Sequenz, die Nachahmung, durch noch einmal so kurze Noten zum bloßen Motivglied zusammengeschwunden.

4) Verschiedenheiten nach den Intervallenschritten.

a. Strenge Nachahmung, bei welcher das Modell genau mit denselben Intervallengrößen, die kleine Sekunde z. B. mit der kleinen, die große Sekunde mit der großen rc., nachgeahmt wird, wie vorstehendes Beispiel zeigt.

b. Freie Nachahmung, wo das Modell nicht so genau in allen Intervallenschritten ein Terzenschritt, z. B. mit einem Quintenschritt u. s. w. nachgeahmt wird, wie hier.

5) Nach der Zahl der Stimmen. Zweistimmig, wie alle vorstehenden.

Dreistimmige.

Vierstimmige.

6) **Nach den Bewegungen der Stimmen.**

a) **In gerader Bewegung.**

Beispiele dazu zeigen die vorstehenden zwei-, drei- und vier-stimmigen Nachahmungen.

b) **In der Gegenbewegung,** wie hier:

c) **In der rückgängigen Bewegung.**

Hier sind die Noten des Modells vom Ende nach dem Anfang zu, also rückgängig, nachgeahmt.

d) **In der rückgängigen Gegenbewegung.**

331. Die letzten zwei Arten von Nachahmungen sind aber wol kaum im Vorübergang beim Hören zu erkennen, man muß sie erst mit dem Auge untersuchen, um zu wissen, was man vor sich hat. Ist das der wahren Kunst würdig?

Wol nicht. Es sind mehr künstliche Spielereien, Spitzfindigkeiten, als echte ästhetische Kunstgestaltungen. Darum hat sie auch der geläutertere Geschmack der neueren Zeit aus der Praxis verwiesen.

332. **Können nicht auch mehrere Arten dieser Nachahmungen zugleich angebracht werden?**

Ja. Unter Umständen sogar alle. Doch würde auch hier die Sache oft wieder nur in künstliche Spielerei ausarten. Einige Verbindungen sind indessen wol brauchbar, weil sie nicht schwer zu erkennen sind, z. B. die Nachahmung eines Modells in der Vergrößerung und Gegenbewegung zugleich, wie hier:

Die Miſchungen und Verbindungen, namentlich bei mehr als zweiſtimmigem Satze, können ſehr weit getrieben werden, haben aber, wie geſagt, keinen äſthetiſchen Werth, und ſind längſt aus der modernen Tonkunſt verſchwunden.

Vierundvierzigſtes Kapitel.

Fortſetzung der Lehre von den Periodengruppen.

333. Wie verhält ſich die thematiſche Arbeit aus dem Haupt- thema in den andern im Verfolg des Tonſtückes erſcheinenden Perioden?

Es gibt zwei Grundarten derſelben. Die erſte beſteht da- rin, daß die ganze Modellperiode des Themas wiederholt wird, und dieſes nur in anderen Tonregionen, oder anderen Stimmen, oder mit anderer, meiſt reicherer Begleitung, Inſtrumentirung u. ſ. w. verſehen, wieder erſcheint. Z. B.

Beethoven. Quintett. Op. 29.

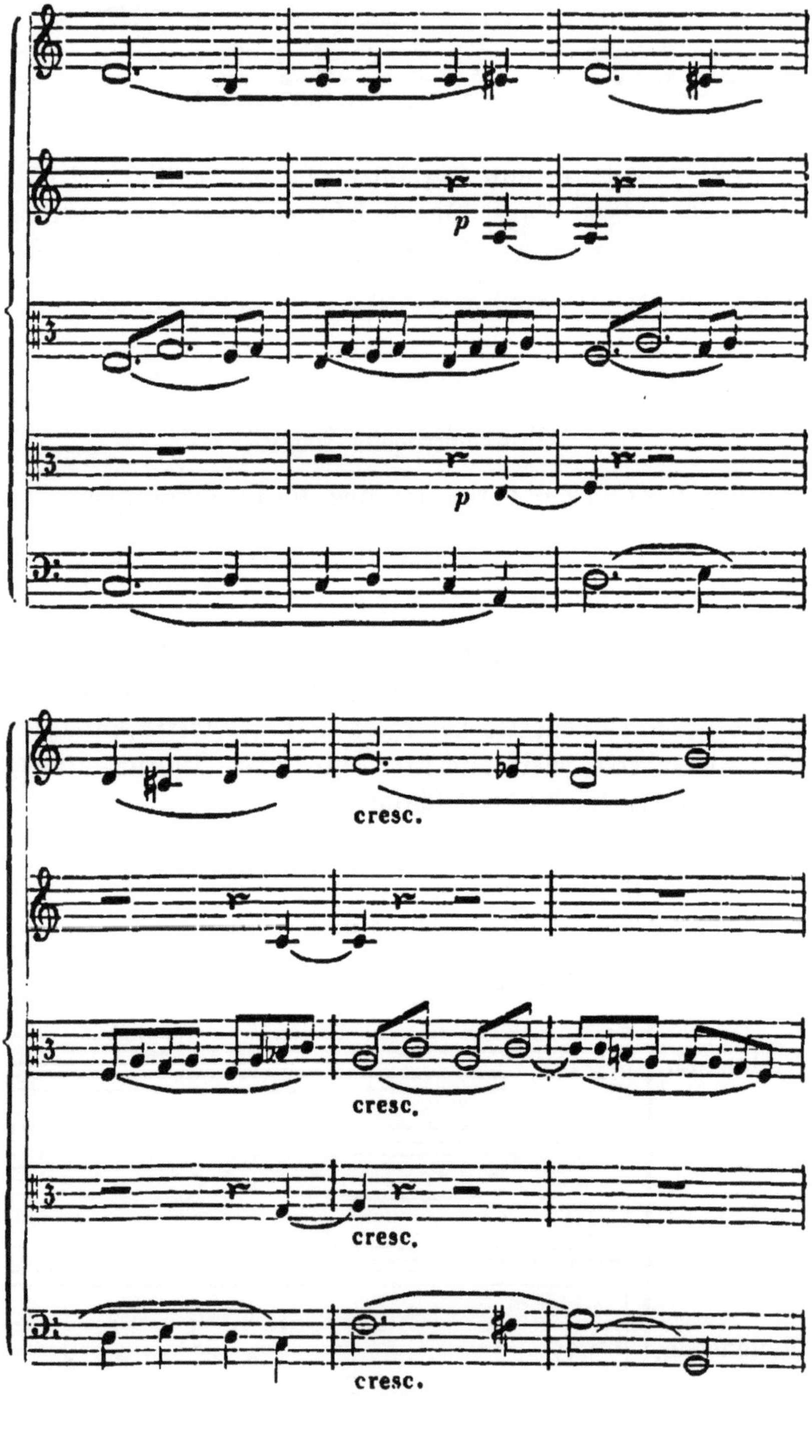
p
p
cresc.
cresc.
cresc.
cresc.

In dem vorſtehenden Beiſpiel wird das Thema, welches die erſte Violine vorträgt, in der zweiten Periode von der zweiten Violine eine Oktave höher wiederholt. Demnach ſind hier ſchon zwei thematiſche Umbildungsmittel benußt, nämlich: Nachahmung, Wiederholung in einer anderen Stimme und Verſeßung in eine andere Oktave. Dazu tritt ferner eine vollere Begleitung durch die Oktavenverdoppelung in den beiden Violen und durch den Gegenſaß, welchen die erſte Violine über der Themamelodie der zweiten Violine dazu hören läßt. Obgleich man alſo die Zeichnung desſelben Gedankens der erſten Periode in der zweiten wieder hört, ſo erſcheint er doch hier in reicherer Kleidung und vollerer Farbe (Akkompagnement und Inſtrumentation), und gewinnt durch dieſe thematiſche Umbildung ein neues Intereſſe. Daß das leßtere der Fall iſt, kann man erkennen, wenn man die erſte Periode noch einmal genau wiederholt.

334. Worin besteht die zweite Grundart der thematischen Arbeit?

Darin, daß man nur einzelne Theile des Thema's, Motivglieder, Motive, Abschnitte ergreift, und diese wieder besonders als Modelle zur Ausspinnung der Perioden benutzt.

335. Ist es einerlei, welche Theile des Thema man dazu wählt?

Der geschickte und erfahrene Komponist wird wol einen Unterschied darin zu machen wissen. Er wird immer diejenigen Motive vorziehen, welche die bedeutendsten Gestalten haben und sich dem Hörer am interessantesten vorstellen. Doch ist das nur ein relativ vorherrschender, kein absolut geltender Grundsatz. Denn auch ein scheinbar unbedeutender Theil eines Thema's, so wie überhaupt ein scheinbar geringerer musikalischer Gedanke kann in der Folge eben durch die unerschöpflichen Mittel der thematischen Arbeit zu den originellsten und ausdrucksvollsten Perioden ausgestaltet werden.

336. Treten bei solchen aus einzelnen Theilen des Thema gebildeten Perioden neue Gestaltungsmaximen auf?

Ja. Sie sind aber leicht zu erkennen, wenn man sich die für die Zeichnung der Hauptmelodie gegebenen Umgestaltungsmittel alle wohl eingeprägt hat.

Wir wollen auch davon einige aus dem schon mehrmals angeführten Haydn'schen Finale vorführen, weil dasselbe mit den wenigsten Ausnahmen lauter thematische Perioden enthält.

Hier iſt zuerſt zu bemerken, daß dieſe Periode die erſte un-
mittelbare Wiederholung des ganzen Thema iſt, und dieſelben
Umbildungen wie die oben ſtehende aus dem Beethoven'ſchen
Quintett zeigt. Ein kleiner Unterſchied beſteht nur darin, daß
die neue Gegenſtimme bei Beethoven in der Oberſtimme, bei
Haydn aber in einer Mittelſtimme dazu tritt, dieſe auch melodiſch bedeutender geſtaltet iſt, als jene.

Betrachten wir hierauf die Zahl der von einander verſchie-
denen Motive in der Themamelodie, ſo ſind es deren nur drei,
nämlich das Motiv des erſten, dritten und vierten Taktes; die
übrigen Takte ſind Wiederholungen jener drei, alſo:

Nun tritt aber die hinzutretende Gegenmelodie in der zweiten Violine auch ſo ausgebildet und ſelbſtändig auf, daß ihre
Motive ſich ebenfalls zu thematiſchen Bildungen benutzen laſſen. Haydn hat das wenigſtens mit dem Motiv des dritten
Taktes gethan:

So erſcheint im Verfolg des Stücks folgende Periode.

Dieſe iſt, wie man ſieht, ganz allein aus dem oben ſtehen=
den dritten Motiv der Mittelſtimme geſponnen. Im erſten
Takte erſcheint es in der graden, im zweiten Takte in der Ge=
genbewegung und abwechſelnd ſo fort, wie leicht zu erſehen iſt.
Auf den erſten Blick könnte es unvollſtändig erſcheinen, da das
letzte Viertel des Urmotivs in der Melodie fehlt. Wir wiſſen ſchon,
daß dieſe Unvollſtändigkeit die Wahrnehmung der Abſtammung von
dem Urmotiv nicht verhindert, da ja das Motivglied dieſelbe nicht
beſeitigt. Hier aber iſt das Motiv nicht unvollſtändig, denn es
wird durch die begleitenden Stimmen ergänzt, und klingt wie folgt,

 u. ſ. w.

Nur ein Intervallenſchritt iſt t o n i ſ ch erweitert, rhythmiſch wird
das Motiv ganz gehört.

Nach derſelben Maxime iſt die folgende Periode aus dem=
ſelben Motivſtoff geſponnen.

337. Hiernach scheinen die thematischen Periodenbildungen aus einem und demselben Motive schon gar nicht erschöpft werden zu können?

So ist es. Beschäftigte sich ein in der thematischen Arbeit erfahrener Komponist sein ganzes Leben hindurch mit nichts anderem als Periodengestaltung aus einem und demselben Motiv, er würde einsehen, daß der ferner auszubeutende Schatz noch in unermeßlicher Fülle vorliege.

338. Bleibt die thematische Erkennbarkeit auch, wenn mit den thematischen Motiven neue vermischt werden?

Gewiß. Wer wollte den folgenden Gedanken

als einen thematischen verkennen, weil der dritte und vierte, siebente und achte Takt Motive hören lassen, die nicht aus dem Thema genommen sind?

339. Hat ihn Haydn in seinem Finale so gebracht?

Dazu war dieser Meister zu reich an thematischen Mitteln. Man kann ja das thematische Material in anderen Stimmen weiter benutzen, wozu die Nachahmung die herrlichsten Gelegenheiten bietet. Haydn hat die vorstehende Periode dadurch interessanter in folgender Weise gestaltet.

340. Können verschiedene thematische Motive in verschiedenen Stimmen zugleich zusammengebracht werden?

Sehr wohl, und das gibt die interessantesten thematischen Gestaltungen. Ein Beispiel dazu liefert der folgende Satz in dem Haydn'schen Finale.

341. Ist denn aber das Motiv in der Viola ein thematisches, in dem Thema vorhandenes?

Allerdings; rhythmisch ganz treu, nur tonisch sehr verengert, ursprünglich lautet es so:

342. Wird aber ein Tonstück durch die vielen wenn auch umgebildeten Wiederholungen aus dem Thema nicht zuletzt monoton?

Es gibt nicht wenige Tonstücke, bei welchen dies wirklich der Fall ist. Die Schuld liegt dann aber nicht an der thematischen Arbeit, sondern an der ungeschickten Behandlung der=

ſelben. Dreierlei Urſachen ſind es beſonders, welche die Monotonie bewirken und das Intereſſe an der thematiſchen Arbeit
ſchwächen. Erſtens, zu große Aehnlichkeit der thematiſchen
Geſtaltungen, welche aus beſchränkter Kenntniß der thematiſchen Umbildungsmittel und geringer Erfindungskraft entſteht.
Zweitens, wenn das Tonſtück aus lauter thematiſchen Perioden
beſteht und gar keine Nebengedanken einmiſcht, und drittens,
wenn man die thematiſchen Perioden immer nur aus einem
und demſelben Motive bildet, und die anderen in dem Thema
liegenden brauchbaren Motive nicht auch mit benützt.

**343. Das Haydn'ſche Finale erweckt aber nicht das leiſeſte
Gefühl von Monotonie und iſt doch faſt durchaus thematiſch
bearbeitet?**

Eben weil jene Fehler darin vermieden ſind. Dies zu erkennen muß dem eigenen Studium überlaſſen bleiben, weil wir
ſonſt das ganze Stück analyſiren müßten, was der Raum hier
nicht erlaubt.

**344. Viele thematiſche Perioden laufen an ihrem Ende ſehr frei
aus, halten ſich nicht an die Fortführung der innerhalb liegenden
Modellmotive. Iſt das eine gute Geſtaltungsweiſe?**

Eine vorzügliche; ſie iſt es beſonders, die Tonſtücken, wie
das vorliegende, deſſen Perioden faſt alle aus dem Hauptthema
geſponnen ſind, die Monotonie benimmt. Indem nämlich die
Perioden oder Gruppen nach dem Ende zu aus freiern Motiven
gebildet werden, macht der Eintritt der thematiſchen Arbeit in
der nächſten Periode wieder einen friſcheren Eindruck. Zu dem
Mittel, die gar zu aufdringliche thematiſche Arbeit zu mildern,
indem man in der einen thematiſch umgewandelten Periode
oder Gruppe das eine, in der folgenden das andere thematiſche
Motiv behandelt, ſei hier ein Beiſpiel gegeben.

Hier iſt in der Periode I das erſte Motiv des Thema verwendet; im erſten und zweiten Takte erſcheint es in der Oberſtimme, im dritten und vierten Takte in der erſten Mittelſtimme, im fünften Takte in derſelben Mittelſtimme und zugleich im Baß; im ſechſten Takte iſt nur das erſte Motivglied
in gerader und Gegenbewegung benutzt und in der zweiten
Hälfte des Taktes wiederholt; im ſiebenten Takte erſcheint es
wieder vollſtändig in der zweiten Violine, im achten und neun-
ten Takte im Baß; von da an iſt wieder nur das erſte Motivglied und zwar melodiſch immer freier, nur rhythmiſch gleich behandelt, ſo daß es dem Ohr faſt wie ein neues vorkommt.

Die darauf folgende Periode II verarbeitet dagegen im
erſten Takte das zweite Motivglied des dritten Taktes des
Thema, im zweiten Takte das Motiv des vierten thematiſchen
Motivs und beide Takte bilden das Modell zu dem Verfolg
dieſer Periode — (im vierten und achten Takte liegt das thematiſche Motiv in der erſten Mittelſtimme und im Baß), der
neunte und zehnte Takt laufen frei aus.

**345. Sind nun alle Mittel zur Ausſpinnung eines ganzen
Tonſtücks angegeben?**

Ja. Jede Periode iſt entweder aus thematiſchen oder aus neuen Motiven, oder gemiſcht aus
beiden Arten zugleich gebildet. Eine weitere Bil-
dungsweiſe iſt nicht möglich.

**346. Hiernach müſſen ſich ja aber alle Tonſtücke in Hinſicht auf
die thematiſche Arbeit ähnlich ſein?**

In den Grundmaximen, ja. In der Ausprägung derſelben
gibt es ſchwerlich zwei Tonſtücke von gleicher oder nur ſehr ähn-
licher Geſtalt. Man unterſuche zunächſt von dem thematiſchen
Geſichtspunkte aus das hier vorgenommene Haydn'ſche Finale
von Anfang bis zu Ende. Es beſteht aus ſechsunddreißig
Perioden und darunter iſt nur eine einzige, welche als nicht
aus dem Thema gefloſſen betrachtet werden könnte. Die aller-
meiſten Tonſtücke ſind jedoch nicht ſo durchaus thematiſch
gehalten; es kommen in der Regel mehr oder weniger Nebengedanken, aus eigenen, neuen Modellen gewebte Perioden darin
vor, und aus dieſem Mehr oder Weniger, ſo wie der verſchie-

denen Anordnung der thematischen und Nebenperioden fließt die absolute Unmöglichkeit, die Neubildung der Tonstücke jemals zu erschöpfen.

Fünfundvierzigstes Kapitel.

Von den Kennzeichen des Anfangs und Endes der Perioden.

347. Woran erkennt man Anfang und Ende einer Periode?

Von dieser Frage bedarf eigentlich nur der zweite Theil einer Antwort; denn wenn das Ende einer Periode erkannt ist, so weiß man natürlich auch, wo die nächste anfängt.

Das erste, hauptsächlichste Kennzeichen des Endes einer Periode ist ein Ganz= oder ein Halbschluß.

348. Sind diese beiden Schlußarten die einzigen und untrüglichen Kennzeichen der Periodenausgänge?

Weder die einzigen, noch, im strikten Sinn genommen, die untrüglichen. Wir wollen zunächst bei den beiden hier bemerkten stehen bleiben.

Die obere Melodie, Anfang des Allegro der Ouvertüre zu „Fra Diavolo" von Auber, ruht durchaus nur auf dem tonischen Dreiklang von D dur. Es ist also da gar kein Schlußfall vorhanden.

Der darunter stehende Abschnitt ist der Anfang eines Quartetts von Haydn. Da endigt das erste Motiv schon mit einem vollkommenen Ganzschluß in der Tonika, das zweite Motiv mit einem vollkommenen Ganzschluß in der Dominante von C dur.

Während also eine Periode, die Auber'sche, gar keinen Schluß hat, kommen in den anderen angeführten Sätzen schon im Anfang des Stücks, im ersten Takte, Ganzschlüsse vor. Die Schlußform an sich allein ist demnach kein unbedingt untrügliches Zeichen des Periodenschlusses.

349. Aber man empfindet an der Auber'schen Melodie, auch ohne Schluß, doch, daß die Periode zu Ende ist, und hinwiederum weiß man, daß die beiden Anfangstakte des Haydn'schen Quartetts, trotz der vollkommenen Ganzschlüsse, keine Periode ausmachen. Wie kommt das?

Die Antwort liegt schon in der Frage. Der Sinn der Tonerscheinung sagt unserer Empfindung, ob wir einen fertigen musikalischen Gedanken, oder nur den Anfang, den Ansatz zu einem solchen vor uns haben. Die Ganz- und Halbschlüsse bringen das Gefühl des Periodenausgangs allerdings hervor, wenn der Gedanke eine gewisse Länge, eben der einfachen Periode, allenfalls auch eines für sich geltenden selbständigen Satzes hat. Die innerhalb des Periodenraumes erscheinenden Schlußformen hingegen bringen dieses Gefühl nicht hervor, und ist die musikalische Gehör- und Anschauungsfähigkeit nur einigermaßen ausgebildet, so wird man sich über das Ende der Perioden selten täuschen.

350. Aber doch zuweilen?

Wol möglich. Davon später. Wir sind mit dem gegenwärtigen Punkte noch nicht fertig. Nächst dem Schlusse, welcher sich durch bestimmte Harmonieschritte ankündigt, wird der Schluß einer Periode auch meistentheils durch den Anfang der folgenden bestimmt. Auf die erste Allegro-Periode der Auberschen Ouvertüre folgt die zweite in folgender Weise:

Hätten wir nun auch das Ende der vorigen Periode nicht empfunden, so würde der Eintritt dieser nächsten uns doch als ein Wesen anderer Art, als der Anfang einer neuen Periode erscheinen und dadurch zugleich das Ende der vorigen verge= wissern.

351. Außer dem Ganz= und Halbschluß haben wir auch noch den Trugschluß. Zeigt auch dieser das Ende einer Periode an?

Unter den bei jenen beiden Arten von Schlüssen bemerkten Bedingungen allerdings.

Nehmen wir in folgendem Beispiele

den ersten Takt als den letzten einer Periode an, so wird der Trugschluß unter 2 uns das Gefühl nicht rauben, daß hier eine neue Periode eintritt.

352. Kann einer Periode nicht auch jede Art von Schlußform fehlen?

Ja. Wir haben eine solche an der Auber'schen Periode ge= sehen. Ein zweites Beispiel folgt weiter unten.

353. Vollendet sich die Schlußform immer am Ende der Periode?

Nein, diese Schlußweise ist vielmehr die seltenere; weit öfter tritt der eigentliche Schlußakkord, sei es Ganz- oder Halb- oder Trugschluß, erst mit dem Anfang der nächsten Periode ein, wie an dem obigen Trugschluß von 1 zu 2 zu ersehen ist.

354. Sind hiermit alle Kennzeichen der Periodenabscheidungen angegeben?

Ja. Es sind keine anderen mehr denkbar. Die Periode endigt entweder: a) mit einem Ganz- oder b) mit einem Halb- oder c) mit einem Trugschluß, oder sie hat d) gar keinen harmonischen Schluß.

355. Wie ist aber das Verhältniß zweier aufeinander folgenden Perioden hinsichtlich der melodischen Gestaltung zu bezeichnen?

Sie sind alle auf drei Arten zurückzuführen: die folgende Periode ist nämlich entweder: 1) eine bloße Wiederholung der vorhergehenden; oder 2) eine aus thematischem Material anders gebildete, oder 3) eine aus neuem Figurenmaterial gewebte. So einfach sind die Grundzüge für die Bildungsweise der Tonstücke, und doch gradezu ewig unerschöpflich in ihrer Anwendung und Ausprägung. Wir wollen gleich als Beweis der mannigfach verschiedenen Behandlungsweise noch eine Periodengruppe von Haydn vorführen.

u. ſ. w.

a) enthält eine einfache achttaktige Periode; b) zeigt eine einfache zu ſechs Takten verengerte. Beide bilden zuſammen eine Periodengruppe; c) enthält eine achttaktige, d) eine zu fünf Takten verengerte Periode. Beide letzteren machen wieder eine zuſammengeſetzte Periode. Alle vier zuſammen bilden die ganze aus vier einfachen Perioden zuſammengeſetzte Perioden= gruppe. Die Periode c) iſt die Wiederholung von a), die von d) wiederholt die von b). Die unter a) und ihre Wieder= holung bei c) gehört unter die letzte der oben bemerkten Endi= gungsarten, ohne harmoniſchen Schluß. Die unter b) endigt in ſich mit einem vollkommenen Ganzſchluß. Bei ihrer Wieder= holung unter d) tritt der Schlußakkord, die Tonika erſt mit dem Anfang der nächſten Periode ein. Der Grund iſt die Verengerung derſelben zu fünf Takten, indem ihr eigentlicher ſechster Takt von dem Anfang der nächſten Gruppe, welche bei e) eintritt, verſchlungen wird. Die bisher angegebenen Kenn= zeichen von einfachen und zuſammengeſetzten Perioden und Periodengruppen wiederholen ſich nun in allen Inſtrumental= werken, und ſind danach die ganzen Formen derſelben, ſo ver= ſchieden ſie in ihrer Konſtruktion ſein mögen, leicht zu erklären, und von den Lernenden leicht zu erkennen.

Sechsundvierzigstes Kapitel.

Von der modulatorischen Führung der Perioden.

356. Was versteht man unter modulatorischer Führung der Perioden?

Den Inhalt der Harmonie oder der Akkorde, welche der Melodie und dem Akkompagnement zu Grunde liegen.

357. Wie viel mögliche Arten von Modulationsführung der Perioden giebt es?

Viererlei.

358. Wie sind sie zu charakterisiren?

Durch 1) leitereigene; 2) vorübergehend aus-weichende; 3) bleibend ausweichende; 4) umher-schweifende.

359. Was sind leitereigen modulirende Perioden?

Solche, die durchaus in einer angeschlagenen Tonart blei-ben, die von Anfang bis zu Ende nur dieser bezüglichen Ton-art angehörende Akkorde enthalten.

360. Was sind vorübergehend ausweichende Perioden?

Die zwar am Anfang und am Ende der Periode derselben Tonart angehörende Akkorde, dazwischen aber mehr oder weni-ger Harmonien aus andern Tonleitern hören lassen.

361. Was sind bleibend ausweichende Perioden?

Die am Ende in eine neue Tonart übergehen und am An-fang der nächsten Periode wenigstens darin bleiben.

362. Was ist eine umherschweifende Periode?

Die fast unausgesetzt ausweichend modulirte, so, daß das Gefühl einer herrschenden Tonart gar nicht aufkommt.

363. Sind das alle möglichen modulatorischen Erscheinungs-weisen in den Perioden?

Alle. Es sind keine weitern möglich. Welches Tonstück man in dieser Hinsicht untersuchen mag, eine dieser Arten wird vorhanden, eine neue aber nirgends zu finden sein.

Siebenundvierzigstes Kapitel.

Von den Formen der Instrumentalwerke.

364. Was versteht man unter musikalischer Form?

Die Erklärung darüber ist schon am Anfang dieses Abschnittes gegeben worden. Es sei noch bemerkt, daß hier nur
von den Formen der Instrumentalmusik die Rede sein
wird. Die Gesangformen sind in gewisser Hinsicht freier, ihre
Grundelemente bleiben aber dieselben, und bedürfen deshalb
für unsere Leser keiner besonderen Lehre.

**365. Wie sind die verschiedenen musikalischen Formen am leichte-
sten und sichersten zu begreifen?**

Indem man die Grundkennzeichen derselben scharf unterscheidet, jedes deutlich bestimmt, dergestalt, daß nur ein fester
Begriff darin liegt, der sich an jedem dazu gehörenden Phänomen
zeigen muß, kein zweiter oder dritter Nebenbegriff aber die
Erklärung schwankend und undeutlich macht. Dies wird durch
unsere Lehre erreicht, deren Grundschema wir hier resümiren.
Alle musikalischen Gedanken nämlich sind ihrer formellen Konstruktion nach auf folgende Elemente zurückzuführen.

1. Motivglied.
2. Motiv.
3. Abschnitt.
4. Satz.
5. Einfache Periode.
6. Zusammengesetzte Periode oder Periodengruppe.
7. Theile.
8. Ganze Form.

**366. Sind mit diesem Schema die Kennzeichen aller musikalischen
Formen vollständig angegeben?**

In Beziehung auf ihre hauptmelodischen Erscheinungsweisen
alle.

367. Kommen nicht noch andere Bestimmungen dazu?

Die viererlei modulatorischen Einrichtungen der Perioden
haben wir angegeben. Die modulatorische Einrichtung der
Theile und ganzen Form wird weiterhin entwickelt werden.
Sodann ist noch über das Verhältniß der verschiedenen Gruppen

zu einander, sowie über die Verschiedenheiten der Formen hinsichtlich ihrer größern oder kleinern Gruppenzahl zu reden. Um
alles dies klar zu machen, müssen wir erst ein längeres Noten-
beispiel geben.

Quartett II von Beethoven.

10*

10—D. mit kleinen eingeſchalteten Ausweichungen.

cresc.

sf

sf

p

4—D.

5. Mittelſaßgruppe.

4—d.

f

15—d.

f

B.

p

c.

6. Repetition. Themagruppe.

6. Repetition. Themagruppe.

368. Was bedeuten die Zahlen und Buchstaben unter den Linien?

Die Zahl gibt die Takte der einfachen Perioden an, der Buchstabe die Tonart. 8—G. heißt daher: die Periode besteht aus acht Takten, und modulirt leitereigen in der Haupttonart G dur.

369. Was bedeuten die mehrfachen Buchstaben unter der dritten Periode?

Den Wechsel der Tonarten. G dur, e Moll, D dur, d Moll.

370. Was bedeutet die Zahl 4 vor dem kleinen d in derselben Periode?

Daß hier nur ein selbstständiger Satz von vier Takten auftritt. Hiernach sind alle Zahlen und Buchstaben unter den Linien zu nehmen.

371. Was bedeuten die Zeichen ⌐ ⌐ über den Linien?

Sie geben die Periodengruppen an, die sich aus zwei oder mehreren einfachen Perioden bilden. So schließt die erste

Gruppe zwei einfache Perioden ein, die erste von 8, die zweite von 12 Takten. Die zweite Gruppe besteht aus einer achttaktigen Periode und einem viertaktigen vollständigen Satz u. s. w.

372. Warum heißt 1— Themagruppe?

Weil in der ersten Gruppe der Hauptgedanke, das Hauptthema des ganzen Tonstückes auftritt.

373. Warum heißt die Gruppe 2 Uebergangsgruppe?

Weil in ihr der Uebergang in eine andere Tonart stattfindet.

374. Warum heißt die dritte Abtheilung Gesanggruppe?

Weil sie in der Regel, wenigstens bisher, in den meisten Tonwerken unsrer klassischen Meister in einfacher, melodischer Gesangweise gebildet ist.

375. Warum heißt die vierte Abtheilung Schlußgruppe?

Weil sie den ersten Theil des Tonstückes abschließt.

376. Warum heißt die fünfte Abtheilung Mittelsatzgruppe?

Weil sie gleichsam die Mitte in solchen größeren Formen einnimmt. Sie ist in gewisser Hinsicht die wichtigste und interessanteste, denn in ihr erscheinen bei unsren klassischen Meistern die schönsten thematischen Umwandlungen, die entweder alle einzelnen Perioden hindurch nur aus dem Thema oder wenigstens aus Perioden der vier ersten Gruppen (des ersten Theils) gebildet sind.

377. Was heißt bei der Gruppe 6— Repetition? und wieder Themagruppe?

Repetition heißt: Wiederholung. Es wird nämlich nun, nach der Mittelsatzgruppe, der ganze erste Theil mit seinen vier Gruppen in der Regel wiederholt, wie in vorstehendem Beispiel zu sehen.

378. Was bedeutet Anhang bei dem Zeichen ͡ ?

Daß hier die Repetition, die Wiederholung des ersten Theils, zu Ende, und noch eine oder einige Perioden mit thematischen Bezügen darüber hinaus zugefügt sind. Mit diesen wenigen Grundbegriffen und Zeichen kann man die ganze Form der Tonstücke in einem einfachen Schema anschaulich machen. So ist das vorstehende Beispiel von Beethoven in folgendem Schema darzustellen.

Allegro, G dur, ²/₄.

Erster Theil.

1. Themagruppe.
$$\begin{cases} 8—G. \\ 12—G. \end{cases}$$

2. Uebergangsgruppe.
$$\begin{cases} 11—G—e—D—d. \\ 4—d. \end{cases}$$

3. Gesanggruppe.
$$\begin{cases} 8—D—e—D. \\ 7—D—e—h. \end{cases}$$

4. Schlußgruppe.
$$\begin{cases} 10—h—e—D—h—e—D. \\ 7—D. \\ 10—D. \text{ Mit kurzen eingeschalteten} \\ \qquad \text{Ausweichungen.} \\ 4—D. \end{cases}$$

Zweiter Theil.

5. Mittelsatzgruppe.
$$\begin{cases} 4—d. \\ 15—d—B—c—Es. \\ 4—Es. \\ 7—Es—As—B. \\ 10—B—b—f—b—g. \\ 8—g—c—a—d. \\ 11—d—G. \\ 4—G. \end{cases}$$

Repetition.

6. Themagruppe, wiederholt.
$$\begin{cases} 12—G. \\ 4—g. \\ 9—G—d—a—e. \end{cases}$$

7. Uebergangsgruppe, wiederholt.
$$\begin{cases} 9—E—e—G—D. \\ 8—G—D—e—D. \end{cases}$$

8. Gesanggruppe, wiederholt.
$$\begin{cases} 8—G—a—G. \\ 7—G—a—e. \end{cases}$$

9. Schlußgruppe, wiederholt.
$$\begin{cases} 10—e—a—G—e—a—G. \\ 7—G. \\ 10—G. \text{ Mit kurzen eingeschalteten} \\ \qquad \text{Ausweichungen.} \\ 4—G. \end{cases}$$

10. Anhang. $\left\{ \begin{array}{l} \text{8—G—C—e—G.} \\ \text{8—G.} \end{array} \right.$

Wenn man weiß, daß die Repetition die Gruppen des ersten Theils wiederholt, so kann man sich die ganze Form dieses Tonstücks für's Gedächtniß als Grundbild noch einfacher vorstellen in folgendem Schema.

Erster Theil.

1) Themagruppe;
2) Uebergangsgruppe;
3) Gesanggruppe;
4) Schlußgruppe;

Zweiter Theil.

5) Mittelsatzgruppe;
6) Repetition;
7) Anhang.

379. Ist die einstimmige Darstellung in dem vorstehenden Beispiele der genaue Inhalt der ersten Violinstimme?

Nein. In größeren Instrumentalwerken trägt niemals ein und dasselbe Instrument die Hauptmelodie vor; sie wird mehr oder weniger oft verschiedenen Instrumenten übertragen. So sieht die zweite Periode in der Gesanggruppe in der Partitur aus wie folgt.

Man sieht hier, daß die Melodie, welche in der Hauptskizze angegeben, nicht in der ersten Violine liegt, sondern der zweiten Violine zugetheilt ist, die erste Stimme aber einen Gegensatz dazu bildet, was schon an sich dem Gedanken bei der Wiederholung ein neues Interesse verleiht. In dieser Stelle wird das Interesse noch dadurch erhöht, daß der Gegensatz aus der Nachahmung des ersten Motivs der zweiten Violine gesponnen ist.

380. In der Mittelsatzgruppe haben die Perioden 7—Es, —10—B—8—9 alle nur ein und dasselbe Motiv, sind also vierundzwanzig Takte hinter einander, wenn auch mehr oder weniger tonisch verschieden, doch rhythmisch immer gleich. Das klingt doch ziemlich monoton?

Allerdings, wenn nur eine und dieselbe Stimme diese ganze Taktreihe vortrüge und vortragen müßte. Gerade an dieser Stelle ist die Herrlichkeit der thematischen Arbeit zu erkennen, wenn man die Skizze mit der Beethoven'schen Behandlung in der Partitur vergleicht. Da aus diesem Beispiel zu ersehen ist, was aus einer scheinbar geringen Melodiezeichnung durch mannigfaltige Vertheilung an verschiedene Stimmen und neues gegensätzliches Figurenspiel dazu gemacht werden kann, so wollen wir diese drei Perioden in Partitur hersetzen. Die ganze Stelle ist durchgängig aus einem Urmotiv, dem dritten des Thema, gebildet, nämlich:

Daraus ist nun die folgende Gestaltung entstanden.

Man sieht, wie das thematische Motiv zuerst sieben Takte hindurch dem Violoncell zugetheilt ist; dann trägt es fünf Takte nach einander die erste Violine vor; hier geht es fünf Takte an die zweite Violine über; zuletzt bringt es die Viola sieben Takte.

Faßt man nun dazu den interessanten, so schön kontrastirenden Hauptgegensatz in's Auge, wie ihn zuerst die erste Violine vorträgt, so zeigt sich, daß auch dieser wieder durch verschiedene Stimmen abwechselnd geführt wird, und so ist aus dem geringen thematischen Grundstoffe e i n e s Motivs durch Vertheilung desselben an die verschiedenen Stimmen und durch Zuthat gegensätzlicher Figuren dieses bei strengster Einheit doch zugleich höchst mannigfaltige Bild zur Erscheinung gekommen.

381. Die Periode 10 — D in der Schlußgruppe des ersten Theils hat hinsichtlich ihres Motivmaterials eine sehr freie, ziemlich beziehungslose Konstruktion. Erst drei Takte mit Triolen; dann zwei Takte springende Sechszehntel; dann zwei Takte Synkopen, endlich drittehalb Takte wieder Triolen. Drei dieser Figurenarten wenigstens haben gar keine Beziehung zu einander, sie springen gleichsam ganz willkürlich und fremdartig in die Periode hinein, weßhalb sie keine eigene, geregelte Gesammtgestalt ausmachen. Ist diese Bildungsweise zu loben und zur Nachahmung zu empfehlen?

Einstimmig, wie in der Skizze, wäre sie nicht zu empfehlen. Wir wissen aber schon, daß, wenn die Einheit, Symmetrie u. dergl. in einer Stimme fehlt, sie von anderen hergestellt werden kann. So ist auch in genannter Periode die Einheit durch Festhalten eines Motivs in den Stimmen bewirkt worden, nämlich:

Durch das fortgesetzte Achtelmotiv in den Nebenstimmen ist dem Verlangen des Geistes nach Einheit der künstlerischen Gestaltung genug gethan. — Bei sorgfältigem Durchblick mancher solcher Bildungen findet man nicht selten noch feinere Nebenbezüge. So ist z. B. eben das Achtelmotiv in vorstehender Periode gewissermaßen ein thematisches, das zwar nicht in der Hauptstimme, aber in der Viola, im fünften Takte, wenn nicht tonisch, doch rhythmisch, ganz gleich, schon auftrat, nämlich:

382. Sind solche thematische Bezüge nicht zu versteckt, um von dem Hörer erkannt werden zu können?

Vielleicht. Doch wirken sie, wenn auch unbewußt dem Hörer, mit auf seine Empfindung ein. Jedenfalls ist es nützlich, wenn der Lernende auch diesen Punkt mit bei seinen

Studien in's Auge faßt. Denn wenn vielleicht Beethoven selbst
bei der obigen Periode nicht an den thematischen Bezug gedacht
hat, so hat er und die anderen großen Meister die M a x i m e
doch sicher im Bewußtsein getragen, und bei manchen Gelegen=
heiten wirklich und mit Absicht ausgeübt.

383. Ist die an dem Beethoven'schen Quartettsatze aufgezeigte
Form die Form aller Instrumentalstücke?

Nein. Die musikalischen Formen sind sehr verschieden.
Aber sie lassen sich doch alle, trotz ihrer großen Verschieden=
heiten, auf wenige Grundzüge zurückführen. Am leichtesten sind
sie darzustellen, wenn man von dem Streichquartett ausgeht.
Dies enthält in der Regel nach dem Gebrauch unserer größten
Instrumentalkomponisten vier in Charakter und Form von ein=
ander verschiedene Sätze, nämlich:

E r s t e r S a t z. A l l e g r o. Form, wie sie S. 146 ff. in
Noten und S. 155 in dem Gruppenschema angegeben ist. Zu=
weilen geht dem Allegro ein kleines Andante, Adagio,
Largo als Einleitung voraus.

Z w e i t e r S a t z. A n d a n t e, A d a g i o.— Hat mehrere
Formenarten, nämlich:

a) Dieselbe Form, wie das erste Allegro, und zwar,

1) auch mit Wiederholungszeichen des ersten Theiles;
oder:

2) ohne Wiederholungszeichen, in einem Flusse fort=
laufend.

In diesem Andante= oder Adagiosatz werden die Gruppen
in der Regel kürzer gehalten; eine etwas verlängerte Periode
vertritt zuweilen die Gruppe, ein selbständiger Satz wol auch
zuweilen eine einfache Periode.

b) Als V a r i a t i o n über ein Thema von zwei Klausen.
Auch ohne diese Wiederholungszeichen, und mit einer zweiten
mehrmals dazwischen erscheinenden in anderem Charakter ge=
haltenen Melodie. Das schönste Stück der Art ist das abwech=
selnd in A moll und A dur gehaltene Andante der A dur=Sin=
fonie von Beethoven.

D r i t t e r S a t z. S c h e r z o, früher M e n u e t t. Besteht
aus zweimal zwei Theilen; die beiden ersten Theile heißen

Scherzo, oder Menuett, die beiden letzten Trio. Sie sind in Charakter und Tonart verschieden.

Hier zeigt sich nun, da wir von den umfangreichsten, ausgedehntesten Formen ausgehen, die Vermannigfaltigungsfähigkeit derselben durch Verkürzungen und Auslassungen ganzer Gruppen. Die möglichst kleinste, knappste Form der Menuett ist an der Schumann'schen Kinderscene S. 115 gezeigt worden. Anstatt der vier großen Gruppen des ersten Theiles, der ausgedehnten Mittelsatzgruppe, der vollständigen Repetition des ganzen ersten Theiles und des Anhangs besteht das ganze Schema jener Kinderscene aus:

Erster Theil.
1) Themaperiode — 8 — G.
2) Mittelsatzgruppe — 6 — kurze Ausweichung.
3) Repetition — 8 — G.

Es fehlen im ersten Theile die Uebergangs-, Gesangs- und Schlußgruppe; statt der zahlreichen Perioden, welche die Mittelsatzgruppe bilden, erscheint nur eine einfache zu sechs Takten verkürzte Periode, die ganze Repetition besteht aus der Wiederholung der Themaperiode, der Anhang ist ebenfalls weggelassen.

Denkt man sich nun das Trio genau in derselben Konstruktion, nur in einer nächstverwandten Dur- oder Molltonart, und in einem andern Charakter gehalten, so stellt sich, wie bemerkt, die möglichst kürzeste Instrumentalform dar. Meist sind jedoch die Menuetten und ihre Trio's nicht so kurz gehalten, ja die Scherzo's vieler Beethoven'schen Quartette, Sinfonien u. s. w. erscheinen in sehr ausgedehnter Form; namentlich sind die Mittelsatzgruppen der Scherzo's und Trio's sehr lang ausgesponnen. Indessen, kurz oder lang, mehr oder weniger Gruppen gebracht oder weggelassen, die Konstruktion zu erkennen, wird dem Lernenden nach den angegebenen Grundkennzeichen keine Schwierigkeit mehr bereiten.

Vierter Satz. a) Finale. Als solches hat es genau dieselbe Form wie der erste Satz.

b) Rondo. Diese Form unterscheidet sich von dem Finale dadurch, daß der erste Theil nicht wiederholt wird, und

nach der Schlußgruppe und vor der Mittelsatzgruppe, also zwischen beide eingeschoben, die Themagruppe erst wieder erscheint.
Sein Konstruktionsschema ist also das folgende:

Erster Theil, ohne Wiederholungszeichen.

1) **Themagruppe.** Bleibt im Hauptton.
2) Uebergangsgruppe. Modulirt, wenn das Stück in Dur
   ist, nach der Dominante, wenn in Moll, nach der kleinen Oberterz.
3) Gesangsgruppe. Dominante (in Dur), kleine Oberterz
   in Moll).
4) Schlußgruppe. Modulation wie die vorhergehende.
5) T h e m a g r u p p e.

Zweiter Theil.

6) Mittelsatzgruppe. Modulirt in entferntere Tonarten.

Repetition.

7) Themagruppe.
8) Uebergangsgruppe.   } Bleiben alle im Hauptton, doch
9) Gesangsgruppe.   mit mannigfaltigen kürzeren und
10) Schlußgruppe.   längeren vorübergehenden Aus-
11) Anhangsgruppe.   } weichungen.

384. Welche Form hat die Sinfonie?

Dieselbe wie das Quartett. Vier Sätze, und jeder Satz die
dort angegebene Konstruktion.

385. Welche Form hat die Ouvertüre?

Sie besteht nur aus einem Satz, und hat in ihrer regelmäßigen Gestalt dieselbe Konstruktion, wie der erste Satz des
Quartetts oder der Sinfonie. — In neuerer Zeit ist man mehrfach abgewichen. Die Italiener und Franzosen lassen gewöhnlich die schönste, die thematische Mittelsatzgruppe, weg. Auch
ist überhaupt bei ihnen wenig oder nichts von eigentlicher
thematischer Arbeit zu spüren. Noch freier behandeln manche
Franzosen, Herold z. B. in „Zampa" die Form, nämlich pot-
pourriartig, indem sie zwar die Hauptgruppen bringen, aber
dieselben nur mit einzelnen Gedanken, aus der Oper, meist ohne
allen logischen Zusammenhang, ausfüllen. Zwar haben auch

einige deutsche Meister, C. M. v. Weber z. B., Ouvertüren in dieser leichtern Form gebracht, aber doch mit mehr logischem Sinn. Immerhin bleibt diese Form der Ouvertüre eine untergeordnete.

386. Sind hiermit die Grundformen der Instrumentalwerke erschöpft?

Die Züge zu den Grundformen, ja. Sinfonien, Oktetts, Septetts bis zum Duett sind alle mehr oder weniger gleich. mit der Quartettform. Konzerte, überhaupt Virtuosenstücke haben mancherlei freiere, von jenen strengeren Formen abweichende Konstruktionen, die aber alle nach den bisher vorgetragenen Lehren keiner besondern Erklärung bedürfen *).

Achtundvierzigstes Kapitel.

Einige Einwürfe gegen diese Formenlehre.

387. Ist die Beschränkung des Begriffs „Motiv" auf den Inhalt eines Taktes überall durchführbar?

Ueberall.

388. Besteht der folgende Anfang des Beethoven'schen Fdur-Quartetts wirklich aus zwei Motiven?

Gewiß.

389. Das zweite ist so unbedeutend, nichtssagend — sollte es wirklich als Motiv für sich Geltung haben können?

Wenn es in der Praxis ein Tonstück gäbe, das nur aus einem Takte bestünde, so wäre dieses einzelne C mit den

---

*) Wer alle älteren und neueren Instrumental- und Vokalformen, auch mit Bezug auf ästhetischen Inhalt und Charakter kennen lernen will, findet ihre Erklärung in einem für dieses Bedürfniß recht zweckmäßig abgefaßten Werkchen unter dem Titel: Die Hauptformen der Musik. Populär dargestellt von Ferdinand Gleich. Leipzig, Verlag v. C. F. Kahnt.

zwei folgenden Viertelpausen nicht allein unbedeutend und nichtssagend, es wäre gradezu lächerlich. Aber ein solches Tonstück gibt es nicht. Für den echten und besonders in der thematischen Arbeit bewanderten Komponisten gibt es schlechthin keinen unbedeutenden Takt. Was sollten denn in folgender doch wol auch brauchbaren Gestalt

die beiden letzten Takte, der dritte und vierte, sein? Auch keine Motive? Hier also erst die vier Takte zusammen genommen ein Motiv bilden? Oder wie müßte dann folgender mögliche Anfang eines Tonstücks

erklärt werden? Alle sechszehn Takte als ein Motiv? Man hat allerdings vor meiner Lehre das Wort „Motiv" in diesem dehnbaren Sinne gebraucht, aber dadurch auch den Begriff ganz unbestimmt gemacht. Wenn wir von einem Tonstück, das wir nicht kennen, erzählen hören oder lesen, „es fängt mit einem interessanten Motiv an", was für eine Vorstellung können wir uns dabei machen? ist es ein ein-, zwei-, drei-, viertaktiger Gedanke u. s. w.? Bei der Beschränkung des Wortes in meinem Sinn wissen wir wenigstens auf das Bestimmteste, daß von einem Takte die Rede ist.

390. **Fühlt man nicht bei dem ersten Beethoven'schen Motiv das Unfertige, und daß zum Abschlusse noch etwas Nachfolgendes nöthig ist?**

Wenn das Beethoven gefühlt und geglaubt hätte, so wäre

uns eine sehr interessante thematische Gestaltung in seinem Quartett verloren gewesen, nämlich:

Hier erscheint das Motiv im zweiten und vierten Takte wirklich getrennt, auf sich allein beschränkt, und das Gefühl hat nichts dagegen einzuwenden. Welchen Vortheil aber außer der Be=stimmtheit dieser feste Begriff des Motivs auch noch in Be=zug auf die Erfindung und die thematische Arbeit hat, leuchtet wol schon aus den wenigen in diesem Werkchen gegebe=nen Beispielen ein, und ist in den Tonstücken der großen Meister an unzähligen Fällen weiter zu erkennen. Diese Einwürfe schla=gen meine Bestimmung des Begriffs nicht. Denn dieser ist nicht von mir erfunden, sondern aus der Praxis der Meister geschöpft.

391. Ist die zu sechs Takten verkürzte, und bis zu dreizehn Takten verlängerte einfache Periode nicht mehrdeutig?

Es können allerdings dreizehn Takte auch als die Verbin=dung einer achttaktigen Periode und eines verlängerten Satzes vorkommen, oder zwölf Takte als eine achttaktige Periode und ein viertaktiger selbstständiger Satz; sie werden sich aber dann immer dem Gefühl als eine Zweiheit darstellen, entweder durch bemerkbare Ruhepunkte, oder durch verschiedene Modelle, oder durch beide Unterscheidungsmerkmale zugleich.

392. Wodurch ist die Benennung der Gruppen zu rechtfertigen?

Durch das Bedürfniß der Schüler. Daß man diesen alle Erscheinungen in der Praxis auf die möglichst kürzeste und un=zweideutigste Weise erklären müsse, ist ein Grundsatz, der sich von selbst versteht. Als ich zu unterrichten begann, ent=deckte ich mit Erstaunen, wie wenig dieser Grundsatz noch in

Bezug auf die Formenlehre berücksichtigt war, in welchem
Dunkel dieselbe noch lag. Eine bessere zu finden, wurde mein
eifrigstes Streben. Ich suchte zunächst die Punkte in den
Musterwerken auf, die in allen konsequent wiederkehrten, und
kam bald zu der Ueberzeugung, daß die Meister gar bestimmte
Begriffe über die Formen gehabt haben müssen, sonst hätten
sie nicht so sicher und übereinstimmend dieselben Maximen aus-
üben können. Ich glaube in ihre geistige Werkstatt eingedrun-
gen zu sein, ihre Bildungsmaximen nach und nach entdeckt
und zur klaren Anschauung gebracht zu haben. Sie sind, wie
gesagt, nicht von mir erfunden worden, und ich kann also auch
auf kein anderes Verdienst dabei Anspruch machen, als sie
ihnen abgelauscht und hoffentlich verständlich vorgetragen zu
haben.

Daß in den großen Instrumentalformen gewöhnlich mehrere
Perioden in einem gewissen unmittelbaren Verhältniß zu einander stehen, zusammengehören, und also als größere Ab-
theilungen, als Gruppen sich auffassen lassen, war eben nicht
schwer zu erkennen, und daß sie sich durch diese oder jene Be-
sonderheit von einander unterschieden, lag auch nahe.

Die erste Gruppe enthält den Gedanken, der in dem ganzen Satze am öftersten, zuweilen in treuer Wiederholung, meistens aber in den mannigfaltigsten Umwandlungen wieder erscheint, mit anderm Wort, das Thema. Was war natürlicher, als daß man sie als Themagruppe bezeichnete?

393. Aber eben gleich diese erste Gruppe erscheint in den Tonstücken in so mannigfaltiger Konstruktion, daß bei ihr schon oft
die Frage entstehen kann: wo endigt diese Gruppe, und wo fängt
die nächste an?

Ich finde keine Unsicherheit dabei. Als Grundformel kann
man aufstellen, daß die Themagruppe aus zwei einfachen Perioden besteht, deren erste von der zweiten wiederholt wird.
Die erste ist die Modellperiode für die zweite. Das Modell kann
auch zweimal wiederholt werden, also eine Gruppe von drei
Perioden bilden, wobei Erweiterungen oder Verkürzungen gewöhnlich vorkommen, um die zu starre Symmetrie zu vermeiden, so wie auch im Akkompagnement, der Klangfarbe, Veränderungen hinzutreten. Es zeigen sich ferner, obwol schon

seltener, Themagruppen von vier Perioden, wo zwei und zwei
Perioden verschiedene Melodien haben, und so gleichsam ein
Doppelthema bilden. In langsamen Sätzen, Adagio's, Largo's,
tritt das Hauptthema auch wol nur mit einer einfachen Periode
auf. Dies alles ist immer unter den einfachen Hauptbegriff:
Themagruppe zu bringen. Es kommen dazu noch andere Er-
kennungsmomente, die Modulation, und der Schluß.

394. **Inwiefern zeigt die Modulation und der Schluß die Themagruppe an?**

Dadurch, daß sie im Ganzen im Hauptton bleibt und
schließt. Es können zwar innerhalb der Perioden dieser Gruppe
vorübergehende Ausweichungen stattfinden, aber die Haupttonart bleibt immer vorherrschend und die letzte Periode wenigstens schließt im Hauptton. In vielen Fällen wird das Ende
der Themagruppe auch durch neuen Figureninhalt der folgenden Uebergangsgruppe angekündigt, wie z. B. in der Skizze
des Beethoven'schen Quartetts S. 146 ff. zu sehen. Niemand
wird den Gedanken der zweiten Gruppe noch als zur ersten
gehörend empfinden.

395. **Dieses Merkmal ist aber nicht allen Uebergangsgruppen
eigen.** In dem ersten Satz des F dur = Quartetts von Beethoven,
dessen Themaanfang S. 167 steht, fängt die Uebergangsgruppe mit
einer thematischen Periode an.

    2. Uebergangsgruppe.
      Periode 1. Thematisch.

Saß 2. neu.

Periode 3. thematiſch.

Periode 4. neu.

396. Hier ist also eine thematische Periode, und sie bleibt auch noch im Haupttone — warum soll sie nicht auch noch zur Thema= gruppe gehören?

Aus folgenden Gründen. Das Themamotiv tritt zwar in dem Cello wieder auf, aber gewiß nicht als nochmalige Wie= derholung der Themaperiode. Dies wird dem Hörer durch die neue selbstständige Melodie der Oberstimme, wie nicht weniger durch das verschiedene Akkompagnement bemerklich gemacht. Durch alle diese Momente entsteht eine bedeutend verschiedene Charakternüance, die sich nicht als Fortsetzung der vorigen Em= pfindung, sondern als Anfang einer andern gerirt. Auch tritt nun ein selbstständiger Satz auf, der gleich ausweichend modulirt, und als Anfang einer neuen Gruppe nicht gelten kann, da er weder früher noch später durch Wiederholung eine besondere Beziehung hat. Dagegen sagt uns die dritte Periode, welche wieder thematisch behandelt ist, und in der Oberstimme wieder an die Gegenmelodie in der ersten Stimme-erinnert, daß diese beiden thematischen Perioden den Hauptkern dieser Gruppe bilden, und der vorhergehende selbstständige neue Satz, sowie die vierte, wieder aus neuem Motivmaterial gesponnene Periode Nebengedanken sind. Daß die beiden Perioden der Gesangsgruppe in demselben Quartett, wovon die zweite die erste wiederholt, zusammengehören, ist nicht zu verkennen, und dann ist auch die periodenreichere Schlußgruppe keiner mehrdeutigen Auslegung fähig. Der Anfang der Mittelsatzgruppe ist durch den vollständigen Schluß des ersten Theiles gekennzeichnet, so wie das Ende derselben durch den Anfang der Repetition. Und von da an wiederholen sich die Gruppen des ersten Theiles, die alle gleich wieder zu erkennen sind, so mancherlei Veränderungen auch in melodischer und modulatorischer Hinsicht darin vorkommen mögen. Wo endlich ein Anhang noch auftritt, ist er natürlich durch das Ende der Repetition deutlich gemacht. Hat man sich dieses Hauptbild oder Grundschema fest eingeprägt, so wird man nach einiger Uebung mit Freude ersehen, daß alle musikalischen Formen, groß oder klein, und so große einzelne Verschiedenheiten darin auftreten, doch immer nach jenem Grundbilde leicht und sicher zu erkennen und zu fassen sind.

397. **Wie vielerlei verschiedene Gruppenarten hinsichtlich thematischer und nichtthematischer Perioden gibt es?**

Es sind deren nur d r e i verschiedene möglich, nämlich:

a) Gruppen, mit nur thematischen Perioden.

b) Gruppen mit lauter neuen Perioden, und

c) Gruppen, die theils aus thematischen, theils aus neuen Perioden gebildet sind.

Nach der einen, oder andern, oder dritten Art sind alle Gruppen construirt, eine weitere Art ist nicht möglich.

III. Abtheilung.

Winke zur Uebung in der Kunst des reinen Satzes.

Neunundvierzigstes Kapitel.

Einleitung.

398. Was soll hier gelehrt werden?

Wie man die in den beiden vorangegangenen Abschnitten vorgetragenen theoretischen Regeln in praktische Ausübung bringen, oder mit anderen Worten, wie man komponiren lernen kann.

399. Wie lauten die Regeln dazu?

Sie sind bereits im elften Kapitel des ersten Abschnittes angegeben, welches „von der Verbindung der Akkorde" u. s. w. handelt, S. 21—23. Dort ist gelehrt, nach welchen Gesetzen die Intervalle eines Akkordes zu den Intervallen des nächsten fortschreiten sollen. Genanntes Kapitel lese man also vorerst wieder durch.

400. Die daselbst gegebenen Regeln sind allerdings sehr einfach; genügen sie aber zur Erklärung aller musikalischen Tonphänomene?

Zur Erklärung der allermeisten. Es kommen allerdings auch freiere Fortschreitungsweisen der Akkordintervalle vor. Diese wollen wir zunächst noch betrachten.

Fünfzigstes Kapitel.

Freiere Fortschreitungen durch abwechselnden Gebrauch enger und zerstreuter Harmonie.

401. Wie werden diese bewirkt?

Indem man auf demselben Akkorde aus enger in weite Lage übergeht, oder umgekehrt.

Unter a) haben die drei oberen Stimmen enge Lage. Unter b) wird von dem ersten Viertel zu dem zweiten, auf demselben Akkorde, in eine weite Lage (zerstreute Harmonie) gesprungen, und dann, weil Akkordwechsel eintritt, nach den ersten Regeln weiter geschritten; unter c) springt das erste Viertel umgekehrt zu dem zweiten aus einer weiten Lage in eine enge. Merkt man sich, daß die Sprünge der Intervalle auf demselben Akkorde gar keiner Beschränkung unterliegen, sondern auf alle möglichen Weisen angebracht werden dürfen, so ist ersichtlich, daß die melodische Fortschreitung der Stimmen dadurch schon viel freier wird, als wenn immer in einer angeschlagenen Lage fortgefahren werden müßte.

402. Ist dies die einzige freiere Fortschreitungsweise?

Nein; es gibt eine zweite, noch freiere. Die Intervalle springen nämlich zuweilen nicht nur auf demselben Akkorde in andere Lagen, sondern, mit gewissen Rücksichtnahmen, auch von einem Akkorde zu einem andern.

Der ſtrengen Regel nach ſollten die zweiten Viertel zu den dritten unter d) und e) fortſchreiten wie hier:

Dieſe beiden Stimmen vertauſchen aber im vorhergehenden Bei=
ſpiele ihre Intervalle, und bewegen ſich deshalb ſprungweiſe
anſtatt wie im vorhergehenden Saße ſtufenweiſe.

403. **Welche Rückſichten ſind zu nehmen, wenn die Intervalle
beim Wechſel der Akkorde nicht die nächſten Schritte machen, ſon=
dern in entferntere Töne ſpringen?**

Sie laſſen ſich in vier Punkte formuliren:

1) Auf demſelben konſonirenden ſowol als diſſoniren=
den Akkord können alle Intervalle ſpringend mit einander
wechſeln.

2) Beim Uebergange des einen Akkordes zum andern ſollen
aber von den oberen Stimmen höchſtens zwei ſpringen, die
dritte dagegen nach der ſtrengeren Regel in das am nächſten
liegende Intervall geführt werden.

3) Die freieren Intervallenwechſel und Sprünge ſollen
nicht zu oft, namentlich nicht unmittelbar hintereinander an=
gewendet werden, weil das den melodiſchen Fluß der Stimmen
zu ſehr beeinträchtigen würde. Deshalb möge nach einem frei=
eren Stimmenſchritt ein ſtrengerer eintreten. Dieſen Maxi=
men gemäß ſind die folgenden Beiſpiele gebildet.

4) Zu dem dissonirenden Akkorde kann von dem vorher=
gehenden konsonirenden in freieren Weisen geschritten werden;
von dem dissonirenden Akkorde hingegen gehen die Intervalle
ihren regelmäßigen Weg, sowohl bei der gebräuchlichen Auf=
lösung als auch bei den anderen Fortschreitungen, wie
an den Schritten vom dritten zum vierten Viertel der beiden
obigen Beispiele unter d) und e) (1 und 2) zu sehen ist.

404. Kommen solche einfache Harmoniereihen in den Tonwer=
ken wirklich vor?

Genug, und in allen möglichen rhythmischen Gestalten.
Wir wollen nur einige Beispiele geben, woraus ersichtlich
wird, welche interessante Tonbilderchen schon aus so einfachem
Material herauszuspinnen sind.

Beethoven, Quart. Op. 18. Nr. 4.
Andante scherzoso quasi Allegretto.

Hier sind die Intervalle nach der strengen Observanz ge=
führt.

Die folgende Periode
Nr. 6. Allegro con brio.

zeigt freiere Fortschreitungen.

405. Wie steht's aber mit dem Akkordschritte des vierten Tak=
tes zum fünften? Da geht kein einziges Intervall nach der ge=
bräuchlichen Regel, vielmehr machen alle vier weite Sprünge und
noch dazu in gerader Bewegung?

Ja. Dies macht aber gewiß keine üble Wirkung. Bemerken
wir: daß keine Theorie im Stande ist, alle Phänomene, welche sich
im Laufe der Jahrhunderte in der Praxis angesammelt haben,
unter ganz bestimmte spezielle Gesetze zu bringen, daß wir zu=
frieden sein müssen, wenn die vorherrschend gültigen heraus=
gefunden und verständlich ausgesprochen worden sind. Sie ge=
nügen zur schulgerechten künstlerischen Erziehung des Schülers,
und mehr kann billigerweise von der Theorie nicht verlangt
werden. Zum Meister kann und muß jedes echte Talent
allein sich selbst hinaufbilden. Bei Abweichungen von allge=
meinen Regeln soll man aber auch immer nach den Ursachen
fragen; dadurch werden sich meistens unsere An = und Einsich=
ten erweitern. Nach einem Ruhepunkt, am Ende eines Satzes,
einer Periode, eines Theiles, erscheint der nächste Takt oft wie
ein neuer Anfang und bei einem solchen fällt die freiere Akkord=
und Intervallenfolge nicht unangenehm auf. Der obige Har=
monieschritt wird durch diese Erfahrung erklärt.

406. Die bisher gegebenen Regeln wurden nur an bloßen Ak=
kordfolgen erläutert. Wie steht es mit diesen Regeln, wenn die
einfachen Harmoniereihen durch harmonische Nebennoten, und
harmoniefremde Töne figurirt und ausgeschmückt werden?

Dies wollen wir in den folgenden Kapiteln nach und nach
andeuten.

Einundfünfzigstes Kapitel.

Uebungen in der harmonischen Figurirung.

407. Wie sind diese Uebungen am einfachsten und leichtesten einzurichten?

An einem Harmonieschritt.

408. Warum nur an einem Harmonieschritt?

Weil das kleinste wie das größte Tonstück aus lauter verbundenen Harmonieschritten besteht, aus dem Wechsel zweier Akkorde. Die Regeln, welche die richtige Fortschreitung von einem Akkorde zum nächstfolgenden zweiten vollständig angeben, bleiben für alle möglichen Harmonieschritte stets dieselben. Weiß man also einen Harmonieschritt regelrecht zu verbinden, so kann man bei keinem einen Fehler begehen.

409. Wie lauten diese Regeln?

Sie sind bereits in dem vorhergehenden Kapitel an den bloßen Akkordfolgen gelehrt worden. Da die harmonische Figurirung auf demselben Akkorde ganz frei ist, so hat man seine Aufmerksamkeit nur auf die erste und letzte Note des ersten Akkordes und die unmittelbar darauf folgende nächste erste Note des folgenden zu richten.

Von der Figurirung in dem vorstehenden Beispiel 1) sind die wesentlichen Noten die bei 2). Nach diesen letzteren hat man die anderen Stimmen hinzuzusetzen, z. B.

Man sieht, daß die Intervalle des ersten, des Septimen=
akkordes, beim Uebergang zum zweiten, zum Dreiklang, sich alle
nach der ersten natürlichen Auflösung fortbewegen.

Wie die figurirte Stimme auf demselben Akkorde sich be=
wegen will, steht ihr dann ganz frei. So ist die Figuration
bei 4) anders wie bei 3), aber die wesentlichen Noten sind die=
selben, und deßhalb behalten auch die begleitenden Stimmen
dieselben Intervalle.

410. **Weiter wären keine neuen Regeln bei der harmonischen
Figurirung zu beobachten?**

Keine, als daß man bei dem Wechsel des Akkordes die ver=
botenen Fortschreitungen, wie bei den einfachen Akkordverbin=
dungen, vermeidet.

Bei a) sind verbotene Quinten, bei b) verbotene Oktaven,
nämlich gleich:

411. Kann man nicht auch mehrere Stimmen zugleich harmonisch figuriren?

Ja; zwei, drei, alle vier. Nehmen wir folgendes Beispiel an.

Hier ist zu der figurirten Oberstimme nur das einfache Akkompagnement gesetzt.

Hier ist die erste Mittelstimme dazu figurirt.

412. Nach welcher Maxime ist das geschehen?

Es sind mehr Noten von der Oberstimme als wesentlich angenommen und in der zweiten danach modifizirt worden. Die zweite Stimme weicht diesen wesentlichen Noten aus, und bringt die dadurch ausbleibenden Intervalle ergänzend dazu.

Nach derselben Maxime sind in vorstehendem Beispiele drei Stimmen figurirt. Und eben so sind in dem folgenden

alle vier Stimmen behandelt, immer nach derselben einfachen Maxime: gegenseitiges Ausweichen und bezügliches Ergänzen der Intervalle auf demselben Akkorde, und richtiger Ueber= gangsschritt aller Intervalle beim Wechsel des Akkordes.

413. **Welche von diesen verschiedenen Figurirungsweisen ist vorzuziehen?**

Das läßt sich nicht unbedingt bestimmen. Darüber haben der Geschmack des Komponisten und die ästhetische Idee zu ent= scheiden.

414. **Kommen in den Tonwerken solche blos harmonisch figu= rirte Tonbildchen vor?**

Unzählige. Ich habe im ersten Bande meiner Kompositions= lehre dreiundsiebzig Stellen, alle aus den Werken der ersten Meister, zusammengestellt, aus welchen zugleich zu ersehen ist, welche unerschöpflich verschiedene und reizende Gestaltun= gen schon allein vermittelst der harmonischen Figurirung einer oder mehrerer, oder aller Stimmen zu schaffen sind.

Zweiundfünfzigstes Kapitel.

Uebungen im Gebrauch der Wechselnoten und Durchgänge und des Orgelpunktes.

415. **Welche Regeln gibt es für den Gebrauch der Wechsel= noten?**

Keine anderen als die eben für die harmonische Figurirung

gegebenen. Wir zeigen und erklären es gleich an einigen Beispielen.

1) Die Wechselnoten sind mit 0 bezeichnet; sie zählen nicht bei der Hinzufügung der anderen Akkordintervalle, die nur nach den harmonischen Noten wie bei b) gelten.

2) Man sieht, daß auch die Wechselnoten, wie die harmonischen Nebennoten, sich auf demselben Akkorde frei bewegen, beim Uebergange zum neuen Akkord aber sich den gewöhnlichen Fortschrittsregeln der Intervalle fügen.

3) Es sind hier, statt eines Harmonieschrittes, welcher aus zwei Akkorden besteht, zwei Harmonieschritte, welche drei Akkorde enthalten, benutzt worden, um zu beweisen, was früher schon bemerkt ist, daß die Regeln für einen Harmonieschritt auf jeden anderen, überhaupt auf alle Harmonieschritte aller Tonstücke passen.

4) Der Baß im zweiten Takte ist als Orgelpunkt oder Halteton gesetzt, um weiter unten zu erklären, wie auch er harmonisch figurirt, auch mit harmoniefremden Noten lebendiger gemacht werden kann.

416. Sind nun auch solche aus Wechsel- und harmonischen Nebennoten gebildete Melodien in gleicher Weise wie im vorigen Kapitel die bloße harmonische Figurirung zu behandeln?

Ja. Nur wird man überall darauf bedacht sein, daß die Stimmen nicht zu sehr mit den Belebungs- und Ausschmü-

dungsnoten überladen werden, damit sie von dem Gehör immer deutlich unterschieden und gefaßt werden können. Die
möglichen Mischungen und Gebrauchsweisen derselben werden
natürlich immer mannigfaltiger und sind im Einzelnen nicht
im Entferntesten erschöpfend anzugeben. Man kann sich nur
durch das eigene Studium der Tonwerke nach und nach annä-
hernd einen Begriff davon machen. Einige Vermannigfalti-
gungen des obigen Beispiels durch Wechsel- und harmonische
Nebennoten mögen Andeutungen dazu geben.

Bei d) sieht man, wie die zweite Stimme harmonisch figurirt, und bei c) durch eingewebte Wechselnoten zum Theil zu
den Wechselnoten der Oberstimme in Sexten lebendiger ausgestaltet ist.

Bei f) sind die harmonischen Nebennoten in drei Stimmen angewandt und bei e) mit Wechselnoten durchwebt. *)

Hier ist der Orgelpunkt harmonisch figurirt. Das untere c hält ihn im zweiten Takte fest, die anderen Noten geben die übrigen Intervalle des eigentlichen Septimenakkordes.

117. Das letzte Sechszehntheil im zweiten Takte schreitet aber nicht, wie die Regel beim Wechsel des Akkords verlangt, in das f fort, sondern springt von der Septime in den Grundton, ist das nicht falsch?

Nein. Die harmonische Figurirung ist gleich dem vierstim-

---

*) Alle Wechselnoten, welche bei c) und e) mit ˘ zugleich bezeichnet sind, können auch als Akkorde betrachtet werden, und unter anderen Umständen und Verbindungen auch als wirkliche Akkorde wirken. Hier aber wirken sie wie Wechselnoten und Niemandem wird es einfallen, so wenig als es mir jemals eingefallen ist, sie anders, als wie sie eben wirken, zu bezeichnen.

migen Baß unter h). Man behält die angeschlagene Ordnung
der nacheinander folgenden, arpeggirten Akkorde gern bei. In's
e, welches die natürliche Auflösung der Septime ist, kann das
f nicht gehen, weil dann der Halteton c verschwände, der
dem innern Gehör immer fortklingt. Es wäre ein ungeeigne-
ter Schritt des Orgelpunktes entstanden, nämlich:

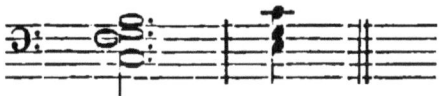

Uebrigens ersetzen auch die oberen Stimmen die fehlenden Töne
des Basses im letzten Takte, wo die harmonische Figurirung
aufhört. Würde die Stelle für Klavier etwa ohne die beiden
Mittelstimmen gesetzt, so klänge der letzte Takt leer. Dies vermeidet man alsdann durch den vollstimmigen Anschlag des
Akkordes, wie unter h) steht.

418. Unter h) ist auf der obern Zeile die Oktave zwischen der
ersten und dritten Stimme angezeigt, welche sich in der zweiten
Hälfte des ersten Taktes bei g) befindet; ist das auch erlaubt?

Ja. Solche verbotene Fortschreitungen kommen bei figurirten Stimmen nicht selten vor, und sind oft gar nicht zu
vermeiden, wenn man eine symmetrische Figur festhalten
will. Die obige Oktave wird aber auch nicht gehört, theils,
weil diese beiden Mittelstimmen die Aufmerksamkeit hier am
wenigsten auf sich ziehen, außerdem aber, weil auch die harmonische Figurirung, eben so wie die des Basses, immer wie
zusammen angeschlagene Akkordintervalle betrachtet wird und
wirkt, nämlich wie:

419. Es scheint, daß die strenge Befolgung der verbotenen
Dinge in der Harmonielehre in dem Maße abnimmt, als die
Stimmen melodisch lebendiger behandelt werden?

So ist es. Je bedeutender und selbstständiger ausgearbei-
tet die Stimmen hervortreten, desto aufmerksamer folgt das
Ohr ihrem melodischen Zuge, verliert sich aber auch zugleich die
schärfere Empfindung für rein harmonische Verhältnisse allein.

Mit dieser Erfahrung muß man die Tonwerke der Meister studiren, wo sich dann die zahlreichen Freiheiten darin jederzeit befriedigend erklären lassen und die eigene Praxis von zu großer Aengstlichkeit gegen Verletzung der Regeln befreien werden. Das Zusammentreffen einer Wechselnote mit dem Akkordton zugleich in einfacher Harmonie und enger Lage wie hier

würde widrig klingen. In einem Beethoven'schen Quartett, wo sie in folgender Weise zur harmonischen Figurirung erscheint,

verliert die Stelle das Widrige. Die Ursachen sind leicht zu erkennen. Die Milderung liegt in der weiten Lage und der bestimmt melodischen Gestaltung aller drei Stimmen.

420. Hiernach werden nun auch bei dem Gebrauch der Durchgänge, in einer Stimme sowol mit einfachem Akkompagnement als auch mit mehreren belebten Stimmen und gleichzeitiger Verbindung mit harmonischer Figurirung und Wechselnoten, keine neuen Bestimmungen und Regeln auftreten?

Nein. Es bleiben im Allgemeinen immer dieselben. Auch dazu nur einige Beispiele als geringe Andeutungen der unermeßlich mannigfaltigen Gebrauchsweisen.

Die Durchgänge sind mit × angegeben. Der Mitgebrauch der durchgehenden Noten hat die letzte Beschränkung der Melodie aufgehoben; diese ist nun der feinsten und anmuthigsten Biegungen und Ausbildung fähig geworden. Bei b) sieht man, daß die Uebergangsregel beobachtet worden.

Unter c) sind doppelte Durchgänge; bei d) sind sie harmonisch figurirt.

Die vorstehenden Beispiele zeigen, wie verschieden c h r o = m a t i s c h e Figuren zu harmonisiren sind; je nachdem man die Noten derselben verschieden bald als Akkordintervalle, bald als Wechselnoten, bald als Durchgänge annimmt. In den Figuren 1, 2 und 3 gelten c und e als harmonische Intervalle, die dazwischen liegenden Töne als chromatische Durchgänge; dazu kann der Dreiklang von C dur wie bei 1), der Dreiklang von A moll wie bei 2), und der Septimenakkord von F gesetzt werden, u. s. w. Unter 6), 7), 8), sind c, d und e als Akkord= intervalle angenommen, und entsprechende wechselnde Harmo= nien dazu verwendet. Bei 4) und 5) sind cis und e die Ak= kordnoten, das in den anderen Stellen als c harmonisch be= trachtete Intervall hingegen in his verwandelt als Wechselnote, die zwischen cis und e liegenden Töne als chromatische Durch= gangsnoten behandelt worden.

421. **Bisher hat die Regel gegolten, daß die letzte Note des einen Akkordes und die erste des nächsten, Akkordnoten sein müs= sen. Muß diese Regel unbedingt überall befolgt werden?**

Nein. Daß Wechselnoten der Akkordnoten beim Eintritt der neuen Harmonie vorhergehen können, haben wir schon ge= sehen, gleich im ersten Beispiele dieses Kapitels. Setzt man anstatt der letzten Akkordnote des ersten Akkordes eine antizi= pirte vom nächsten Akkord, z. B.

u. s. w.

so geschieht, wie man sieht, der Uebergang vom ersten Akkorde zum zweiten mit harmoniefremden Tönen. Da aber, wie schon bemerkt, diese die Harmonie nicht verändern, so bleibt immer der regelrechte Uebergang stehen, nämlich:

122. Dürfen auch die Durchgangsnoten sich solche Freiheiten nehmen?

Ja, wie folgende Stellen zeigen.

423. Können auch die Vorhalte durch harmonische Nebennoten und harmoniefremde Töne variirt werden?

Ja. 1) Durch Nebennoten.

2) Die Nebennoten mit Wechselnoten verbunden.

3) Mit Durchgängen.

Daß dazu auch die anderen Stimmen mehr oder weniger zu variiren sind, bedarf nach den früher entwickelten Maximen keiner besondern Auseinandersetzung mehr.

424. Und mit den wenigen und einfachen Winken dieser dritten Abtheilung sollte es möglich sein, sich ohne mündliche Lehre, blos durch eigene Uebungen, zum Komponisten auszubilden?!

Es muß wol möglich sein, denn ich selbst bin ein Beweis davon. Ich habe nie mündlichen Unterricht gehabt, und was ich als Komponist geleistet, nur nach Büchern gelernt. Und die in meiner Jugend vorhanden waren, konnten sich einer leichtverständlichen Vortragsmethode nicht sehr rühmen, abgesehen davon, daß die Lehre von den musikalischen Formen damals noch gar nicht existirte. Den jetzigen Studirenden ist die Sache viel leichter gemacht. Die Hauptsache ist: man verstehe jede Regel; alsdann mache man so viele Uebungen nach jeder einzelnen, bis die sichere Ausübung derselben gewonnen ist.

Fleiß und Beharrlichkeit sind natürlich dabei nöthig, aber ohne diese Eigenschaften wird überhaupt nichts ausgerichtet.

Man beherzige, was de la Rochefoucauld sagt: „Wir haben mehr Stärke, als guten Willen sie zu brauchen; und blos um uns bei uns selbst zu entschuldigen, halten wir oft Dinge für unmöglich."

Druck von Breitkopf und Härtel in Leipzig.